Handbuch Offenstall

Handbuch Offenstall

Artgerechte Pferdehaltung im Offenstall und Herdenverband verhaltenspsychologisch untermauert

von Erika Bruhns

CADMOS
PFERDEBÜCHER

Danken möchte ich allen, die mir Gelegenheit gaben, in ihren Haltungen Fotos zu machen, ferner Frau Univ. Ass. Dr. Sonja Wlaschitz von der Veterinärmedizinischen Universität Wien für die Durchsicht des medizinischen Teiles und ganz besonders all den vielen Pferden, die mir im Laufe der Jahrzehnte beigebracht haben, was sie von einer angenehmen Haltung erwarten und unter welchen Gegebenheiten sie sich wirklich wohl fühlen.

Cadmos Verlag GmbH Lüneburg

Gestaltung: Ravenstein Brain Pool
Fotos: Heimo Bruhns
Aus dem Archiv Walter Bruhns stammen
die Fotos auf S. 33, S. 67
Druck: Westermann Druck, Zwickau

Printed in Germany

ISBN 3-86127-348-9

INHALT

VORWORT

Allmählich setzt sich Offenstallhaltung durch, zumindest nimmt sie in den Gedanken jener ihren Platz ein, die darauf bedacht sind, ihren Pferden ein möglichst artgerechtes Leben zu bieten.

Aber: Wo es Neues gibt, sind auch die Auswüchse nicht fern. Am Schreibtisch werden Ideen ausgeheckt, die manchmal alles andere als sinnvoll sind. „Hilfsmittel“ werden erdacht und hergestellt, die in erster Linie dem Wohl der Erzeuger und Verkäufer dienen. Ideen werden entwickelt, die eine Offenstallhaltung zu einem fast ebenso unnatürlichen Aufenthaltsort machen wie der Boxenstall es ist.

Besonders wenig pferdegemäße Haltung entsteht dadurch, dass sich die menschlichen Vorstellungen von Sauberkeit und dem was angenehm ist gewaltig von jenen des Pferdes unterscheiden. Ja, dass überhaupt sich Pferde unter ganz anderen Umständen wohl fühlen als der Mensch. Die Angst des Menschen vor der Natur ist der Grund für alle nicht pferdegerechten Offenstallhaltungen. Viele dieser grundlegenden Irrtümer sind in erster Linie verhaltenspsychologischer Art.

Um Sinnvolles von Unsinnigem zu trennen, ist dieses Buch entstanden. Es soll jenen, die an die Errichtung einer Offenstallanlage denken, brauchbare Grundlagen liefern, die das natürliche Pferdeverhalten als Basis haben und sich in erster Linie an den Bedürfnissen der Pferde, nicht an jenen des Menschen orientieren.

Die Pferde an unserer Hippagogischen Station leben seit mehr als 25 Jahren in einer Offenstallhaltung. Genau gesagt seit dem Frühjahr 1974. Wir haben zu einer Zeit damit begonnen, als eigentlich noch niemand an diese Haltungsform dachte und uns viele „Fachleute“ für verrückt hielten. Man meinte, dass diese Art der Pferdehaltung bestenfalls für naturbelassene Ponys geeignet sei, und bezeichnete sie damals als „Robusthaltung“. Im Verlauf dieses Vierteljahrhunderts haben wir viel erprobt, viele Erfahrungen gesammelt, viel dazugelernt, Praktisches vom Unpraktischen, Nützliches vom Unnützen und vor allem Pferdegerechtes von nicht Pferdegerechtem geschieden.

Wie zufrieden, ausgeglichen und gesund sich unsere Pferde fühlen, kann jeder Kursteilnehmer bestätigen, der an den Kursen des Zentrums für artgerechte und gewaltfreie Pferdeerziehung teilnimmt, die mitten in unserer Offenstallanlage stattfinden. Die Pferde sind ausgeglichen, freundlich und umgänglich. Aber auch ihr Gesundheitszustand ist erfreulich; der Tierarzt ist nur selten bei uns zu Gast.

Entgegen sonst üblichen Gepflogenheiten zeigen wir in diesem Buch nicht nur funkelnagelneue Haltungen, sondern auch solche, die schon viele Jahre, ja Jahrzehnte in Betrieb sind. Deshalb sind manche hier abgebildeten Baulichkeiten, Fahrzeuge und Gerätschaften auch schon mehr oder weniger „abgenutzt". Offenstallhaltungen unterliegen nun einmal der Abnutzung, und zwar noch viel mehr als Boxenstallungen, weil frei herumgehende Pferde nicht unbedingt immer Rücksicht auf das äußere Erscheinungsbild der Anlage nehmen, sondern diese einfach nützen, an allem herumnagen, herumscheuern, ja auch mit ihren Hufen einigen Schaden anrichten.

Natürlich tragen auch Sonne, Wind, Regen und Schnee sowie der berühmte „Zahn der Zeit" dazu bei, dass der anfängliche Glanz sehr schnell verloren geht. Offenstallbesitzer müssen also damit rechnen, entweder ununterbrochen auszubessern und zu renovieren, oder sich damit abfinden, dass man ihrer Anlage die Benutzung ansieht.

Sie werden in diesem Buch nur selten genaue Maßangaben finden, weil sehr vieles individuell gestaltet werden muss, den Gegebenheiten, aber auch den Bedürfnissen entsprechend. Deshalb haben wir uns darauf beschränkt, Maße nur dort anzugeben, wo ihnen besondere Bedeutung zukommt.

GRUNDSÄTZLICHE ÜBERLEGUNGEN

In Reiterkreisen tauchen immer wieder die Überlegungen auf: Warum brauchen Pferde plötzlich einen Offenstall, wo sie doch seit Jahrhunderten sehr gut und problemlos in Boxen oder gar angebunden in Ständern gelebt haben?

Das Argument „seit Jahrhunderten“ ist gerade in der Pferdebranche sehr schnell zur Hand, wenn man vermeiden will, sich mit Neuem auseinander zu setzen. Dabei kommt dieses Argument sehr oft von Leuten, die selbst das Handy ständig in der Westentasche tragen, mit Geschäftsfreunden per Fax oder Internet verkehren und ihre Post, die Buchhaltung und was sonst noch anfällt, selbstverständlich mit dem Computer erledigen. Vom Surfen im Internet gar nicht zu reden.

DIE GRUNDBEDÜRFNISSE DES PFERDES

Wenn man die Verantwortung für ein Tier übernimmt, sollte man sich zunächst einmal mit dessen Bedürfnissen vertraut machen. Je mehr wir diesen Bedürfnissen entgegenkommen, desto gesünder und ausgeglichener wird das Tier sein.

Die Grundbedürfnisse ergeben sich daraus, wie diese Tierart in Freiheit lebt.

Wir behaupten zwar, wir hätten das Pferd domestiziert. Aber das stimmt eigentlich nicht. Das Pferd hat sich bis heute nicht an die ihm von uns aufgezwungenen Verhaltensbedingungen gewöhnt, sondern hat noch immer dieselben Grundbedürfnisse wie seine frei lebenden Vorfahren. Weil es sehr häufig diese Bedürfnisse gar nicht wirklich ausleben kann, gibt es immer wieder Probleme körperlicher und psychischer Art.

Und dies sind die Grundbedürfnisse:

- *uneingeschränkte Bewegungsmöglichkeit*
- *Pferdegesellschaft*
- *frische Luft*
- *frisches Wasser*
- *ausreichendes und einwandfreies Futter*

BEWEGUNG

Das Pferd ist ein Bewegungstier. Dieser Begriff wird aber häufig missverstanden. Vielfach wird da nämlich angenommen, dass Pferde ununterbrochen in Bewegung sein wollen und vorwiegend im Galopp durch die Gegend rasen. Dieser Eindruck entsteht auch, wenn man Pferde nach einer tagelangen Bewegungslosigkeit in der Box auf die Koppel entlässt. Da geht es im gestreckten Galopp nicht nur hinaus, sondern auch auf der Koppel wird eine ganze Weile herumgetobt. Untersuchungen zeigen, dass die Pferde umso länger toben, je länger sie vorher zum Stillstehen verdammt waren.

Wie viel Bewegung braucht ein Pferd wirklich?

Das Bewegungsbedürfnis der Pferde wird völlig falsch eingeschätzt. Was sie brauchen ist weder kontinuierliche Bewegung noch tempomäßiges Herumgaloppieren auf weiten Strecken. Was sie wirklich brauchen, ist die Gelegenheit, sich jederzeit bewegen zu können, wann immer ihnen danach zumute ist.

Und Pferde, die diese Gelegenheit haben, zeigen, dass sie dann auch nicht herumrasen, sondern sich vorwiegend im Schritt weiterbewegen. Galoppiert wird nur im Spiel oder wenn sie in Panik geraten.

Ein Blick durch den Zaun in diese Offenstallhaltung zeigt dem Beschauer sehr deutlich, wie wohl sich die Pferde hier fühlen.

Die übliche Fortbewegungsweise der Pferde ist der Schritt.

Pferde fühlen sich am wohlsten in der Herde.

Auf einem Abhang, welcher der Hippagogischen Station gegenüberliegt, gibt es eine Herde von etwa 40 Traberstuten und Fohlen. Weil es sich um Rennpferde handelt, würde man annehmen, dass sie vorwiegend in beschleunigter Gangart unterwegs sind. Doch das ist ein gewaltiger Irrtum. Sie bewegen sich nur in langsamem Schritt fort, entweder von Grashalm zu Grashalm, oder ebenso, wenn sie nach einer besseren Weidestelle suchen. Den Rest der Zeit stehen sie herum, dösend oder mit sozialer Fellpflege beschäftigt. Nur die Fohlen legen gelegentlich einen kleinen Galopp ein.

Das Pferd, das von der Natur her als Fluchttier konzipiert ist, hat es nicht nötig, das Davonlaufen zu trainieren. Es ist durchaus imstande, bei Gefahr aus dem Stand in vollem Tempo loszugaloppieren, auch wenn es niemals dafür trainiert hat. Nur die Fohlen brauchen diese vielen kleineren und größeren Galoppaden, um die Fähigkeiten ihrer Muskeln und ihres Kreislaufs an die ständig zunehmende Körpermasse anzupassen. Die erwachsenen Pferde halten durch die vielen kleinen Schritte tags und nachts ihre Gelenke, aber auch Kreislauf und Muskelmasse in Kondition. Pferde, die unnatürlicherweise den ganzen Tag über in der Box stehen, bekommen allerdings Probleme. Übrigens haben neueste Untersuchungen festgestellt, dass Pferde im Schritt genauso viel Energie verbrauchen wie im Galopp.

Verspannungen, bei den Pferden heute eigentlich eines der gravierendsten Probleme, werden durch die Gelegenheit, sich jederzeit zu bewegen, schnell abgebaut, so sie überhaupt auftreten. Zum Bewegen gehört natürlich auch das Buckeln und Ausschlagen, das besonders für die verspannten Rückenmuskeln mancher Reitpferde so dringend nötig wäre, ihnen aber weder unter dem Reiter erlaubt noch in der Box möglich ist, und ebenso das ausgiebige und genussvolle Wälzen.

PFERDEGESELLSCHAFT

Pferde sind soziale Tiere. Sie leben üblicherweise in einer Herde. Das ist von der

Natur sehr weise vorgesehen, denn die Herde bietet ihnen Schutz. Tiere, die dem Beutegreifer ausgesetzt sind, müssen ständig auf der Hut sein. Ein einzeln lebendes Pferd könnte dies nie durchstehen und würde leicht zur Beute. In der Herde gibt es ein erfahrenes Leittier, das weiß, wann Gefahr droht und Flucht angesagt ist. In der Wache wechseln sich zur Schlafenszeit die Mitglieder der Herde ab, so dass jedes Tier auch die Gelegenheit hat, zu den entsprechenden ausreichenden Ruhepausen zu kommen.

Pferde, weil eben nicht entsprechend domestiziert, verhalten sich noch immer so, als könnte überall ein Beutegreifer auf sie lauern. Nur in der Gesellschaft anderer Pferde, selbst wenn diese durch Boxenwände von ihm getrennt sind, fühlen sie sich wohl. Aus der Tatsache, dass Pferde in einer Gemeinschaft leben, ergeben sich noch andere Annehmlichkeiten wie der entsprechende Körperkontakt und die soziale Fellpflege.

Die leider von manchen Pferdebesitzern gewünschten und deshalb in etlichen Pferdeställen noch immer vorhandenen an drei Seiten bis zur Decke dicht abgeschlossenen Boxen geben dem Pferd das Gefühl der Isolation. Durchsichtige Wände sind etwas besser, bieten aber auch noch nicht ausreichende Gelegenheit zur Kontaktaufnahme. Niedere Abtrennungen sind da schon vorteilhafter.

Leider werden einem Pferd die Boxennachbarn vom Menschen zugewiesen. Es kann sich diese nicht aussuchen. Alle Pferde haben aber eine bestimmte Vorstellung davon, mit wem sie Freundschaft pflegen wollen und wen sie nicht riechen können.

Wie in einem Käfig leben Boxenpferde. Ein schlimmes Dasein für ein Herdentier. Doch dieses Pferd hat zum Glück an der Hinterwand der Box einen Ausgang ins Freie zu einem Paddock, wo es auch über eine leichte Absperrung hinweg mit dem Nachbarpferd Kontakt aufnehmen kann.

Auf der Koppel, besser noch in einer Offenstallhaltung fällt dieses Problem weg. Kraulpartner werden gefunden, Freundschaften können sich entwickeln.

Ein Pferd überhaupt als Einzeltier zu halten wäre Tierquälerei, selbst wenn es in einem noch so tollen Offenstall leben darf. Auch eine Ziege, ein Schaf, ein Hund oder irgendein anderes Tier sind nur Notlösungen, und auch der Mensch kann einen Pferdepartner nicht ersetzen.

FRISCHE LUFT

Das Pferd, als Tier der weiten Freiheit und der schnellen Flucht, hat entsprechend ausgebildete Atmungsorgane. Pferde haben nicht, wie man manchmal hört, heikle Bronchien und Lungen. Nur unsere Art der Haltung entspricht nicht den Bedürfnissen des Pferdes, und daraus resultieren die gesundheitlichen Schwierigkeiten.

Ohne einwandfreies Wasser ist eine Pferdehaltung nicht möglich.

Wie gesund ist Stalluft?

Lebt das Pferd im Freien, hat es optimale Luft zur Verfügung, auch wenn diese durch Luftverschmutzung nicht mehr erste Qualität ist. In geschlossenen Räumen hingegen enthält die Luft Staubpartikel, Pilzsporen, Krankheitskeime und vor allem große Mengen von Ammoniak. Ammoniak schädigt Schleimhäute und Flimmerepithel. Außerdem ist die Luft in geschlossenen Räumen sauerstoffarm. Selbst in gut gelüfteten Stallungen und in Außenboxen ist die Luft nicht mit jener zu vergleichen, die dem Pferd beim Aufenthalt im Freien zur Verfügung steht.

Die Angst, dass die eiskalte Luft im Winter den Atmungsorganen schaden könnte, ist unbegründet. Auf dem langen Weg, den die Atemluft von den Nüstern bis in die Bronchien zurücklegen muss, wird sie ausreichend erwärmt und erreicht meist bereits Körpertemperatur.

FRISCHES WASSER

Pferde sind in Bezug auf Wasser empfindlich. Verschmutztes oder eigenartig schmeckendes Wasser wird von ihnen zurückgewiesen und nur angenommen, wenn der Durst allzu groß ist und keine andere Wasserquelle vorhanden ist.

Das heißt, dass auf Koppeln oder in Offenstallhaltungen für entsprechend einwandfreies Wasser zu sorgen ist. Stallungen sind meist an die örtliche Wasserleitung angeschlossen oder werden über Quellen versorgt. Anders ist dies im freien Gelände. Bäche oder gar Flüsse sind heutzutage schon so stark verschmutzt, dass sie zu Tränkezwecken nicht mehr geeignet sind.

AUSREICHENDES UND EINWANDFREIES FUTTER

Mit „ausreichendem“ Futter ist eigentlich etwas anderes gemeint als man üblicherweise annimmt. Hier gilt nicht: je mehr oder je kostspieliger, desto besser. Das wichtigste Futter ist für das Pferd einwandfreies Raufutter oder Weide. Kraftfutter kann in vielen Fällen sogar unnötig sein.

Werden Pferde über die Weide mit Futter versorgt, ist darauf zu achten, dass die Weide mit Gras entsprechend bestückt ist und die Pferde nicht schon an den Wurzeln nagen.

Weidegras oder frisch geschnittenes Grünfutter ist fast ausschließlich von pferdegerechter Qualität. Von Heu kann man das nicht immer behaupten. Erdeinschlüsse, Staub, Pilzbefall oder totes Kleingetier entdeckt man in vielen Pferdehaltungen im Heu.

ZWEIFEL

Immer wieder tauchen in Reiter- und Züchterkreisen Zweifel auf, ob Offenstallhaltung für Pferde wirklich so ideal wäre. Es werden viele Einwände vorgebracht, etwa dass Pferde durch Witterungsunbilden, denen sie mehr oder minder schutzlos ausgeliefert sind, erkranken könnten. Einer frisch gebackenen Offenstallbesitzerin wurde doch allen Ernstes von einer Tierärztin verkündet: „In einem Offenstall bekommen die Pferde im Winter alle Lungenentzündung und sterben.“

Fast schwarz ist dieser Heuballen in seinem Innern und damit als Pferdefutter ungeeignet.

Egal ob Sommer oder Winter, die Pferde halten sich am liebsten im Freien auf.

Schadet den Pferden extreme Witterung?
Pferde halten aber auch den extremsten Witterungen stand, ohne Schaden an ihrer Gesundheit zu nehmen. Ob drückende Schwüle im Sommer oder Minustemperaturen von 25 Grad, Schneestürme oder Schnürlregen: Pferde sind all dem gewachsen.

Allerdings kann man nicht im Winter ein Boxenpferd aus dem Stall nehmen und in eine Offenstallhaltung verpflanzen. Man muss dem Körper schon Gelegenheit geben, sich mit der Witterung auseinander zu setzen. Erfahrungen mit entlaufenen Pferde zeigen jedoch, dass auch dem Stallpferd binnen weniger Tage ein Winterpelz wächst, wenn es der Kälte ausgesetzt ist. Trotzdem sollte man dies nicht mutwillig ausprobieren, sondern ein Pferd im späten Frühling in eine Offenstallhaltung umstellen. So hat der Organismus Zeit zu lernen, dass er sich mit der Witterung auseinander setzen und darauf entsprechend reagieren muss.

Voraussetzung dafür, dass Pferde keine Probleme mit der Witterung bekommen, ist jedoch, dass die Anlage entsprechend eingerichtet ist. Pferde halten zwar meist auch schlampige und mangelhafte Offenstallhaltungen aus, man sollte so etwas jedoch trotzdem vermeiden. Wir werden uns darum ab S. 23 ausführlich mit der Anlage eines Offenstalls und der Gestaltung seiner einzelnen Teile beschäftigen.

Angenehm für wen?
Viele Einwände gegen den Offenstall basieren darauf, dass Pferde und Menschen eine ganz unterschiedliche Vorstellung von dem haben, was angenehm ist und wo man sich wohl fühlt. Der Mensch sieht sich leider als das Maß aller Dinge. Er liebt eine angenehm temperierte Umgebung, ist von der Werbung auf extreme Sauberkeit gedrillt, empfindet Wind, Regen und Schnee als unangenehme Witterung, vor der man sich schützen muss. Pferde sind in diesen Fällen ganz anderer Meinung.

Ist also eine Offenstallhaltung wirklich pferdegerecht, so beschert sie dem Menschen in manchen Situationen Unbehagen. Selbst so manche Handhabungen sind umständlicher. Während man in der Box ein Pferd jederzeit zur Hand hat und nur „zuzulangen" braucht, muss man im Offenstall das Pferd erst einfangen oder zumindest herbeiholen, wenn man es reiten will. Man muss sich stets mit mehreren frei herumgehenden Pferden auseinander setzen, die einem nicht nur im Weg stehen können, sondern gelegentlich auch richtig lästig werden.

Aber für alles gibt es auch eine Lösung. Man muss nur ein wenig nachdenken und bei der Planung darauf Rücksicht nehmen.

Der rechten Organisation kommt im Offenstall ganz besondere Bedeutung zu. Allerdings kommt man oft erst im Laufe der Zeit drauf, was eigentlich besser gemacht werden müsste. Aber was hindert uns daran, diese Änderungen auch durchzuführen?

Schulpferde in der Offenstallhaltung?
Die Frage wird immer wieder aufgeworfen, ob man auch Schulpferde in einer Offenstallhaltung haben könne. Schulpferde sind heutzutage nahezu schon die einzigen Pferde, die noch ausgiebig Bewegung haben so wie früher die Arbeitspferde. Ihr zusätzlicher Bewegungsbedarf ist relativ gering. Hält man sie trotzdem in einem Offenstall, so haben sie allerdings endlich Gelegenheit,

sich frei und ungezwungen zu bewegen, verspannte Muskeln zu lockern und ihrem Körper Ausgleich zu verschaffen.

Jedoch ergeben sich dabei gewisse technische Schwierigkeiten: Schulpferde müssen jederzeit griffbereit sein und zwar in einwandfrei geputztem und reitfertigen Zustand. Dies aber kann bei Offenstallpferden niemals garantiert werden.

Als Alternativen bieten sich an: Erstens, die Pferde täglich erst „nach Dienstschluss" in die Offenstallhaltung zu entlassen und „während der Dienstzeit" in Boxen bereitzuhalten. So müssen sie nur einmal am Tag reitfertig gemacht werden und sind jederzeit griffbereit. Die zweite Version wäre die Haltung in nicht naturgemäßen Offenstallhaltungen, nämlich kleinen Ausläufen mit denaturiertem Boden, der mit einem entsprechenden, Verschmutzung verhindernden Belag versehen ist.

Kann man auch Turnierpferde im Offenstall halten?

Turnierpferde haben viel weniger Bewegung als Schulpferde. Über das tägliche Training hinaus, das ja doch meist kaum mehr als eine Stunde dauert, verbringen sie die restliche Zeit zumeist in der Box, aus der Angst der Besitzer heraus, dass sie sich „draußen" verletzen könnten. Doch gerade diese im Training befindlichen Pferde würden als Ausgleich die freie Bewegung dringend benötigen. Wenn sie sich in einer vertrauten kleinen Gruppe ständig in einem Offenstall aufhalten können, sind sie auch routiniert genug, Verletzungen zu vermeiden.

Es gibt Turnierreiter, die ihren Pferden zumindest außerhalb der Saison oder in längeren Turnierpausen das Leben in einem Offenstall vergönnen. Diese Pferde verlieren ihre Kondition wesentlich weniger rasch als solche, die in Boxen leben, und sie kommen auch zu Saisonbeginn wesentlich schneller in Schwung, weil ihre Muskeln entspannt, gut durchblutet und nicht rückgebildet sind. Ihre Atmungsorgane sind gesund und somit jederzeit leistungsbereit. Ihr Charakter ist gefestigter, ihre Nerven sind ausgeglichener.

Könnte die Offenstallhaltung durch einen täglichen ausgiebigen Aufenthalt auf der Koppel ersetzt werden?

Um Unannehmlichkeiten zu entgehen, versucht der Mensch häufig, eine Offenstallhaltung durch Boxenhaltung mit täglichem und ausgiebigem Koppelaufenthalt zu ersetzen. Doch Koppelaufenthalt und Offenstall sind leider nicht dasselbe. Diese beiden Haltungsformen unterscheiden sich in wesentlichen Punkten.

Ein ganz entscheidender Punkt bei der Offenstallhaltung ist jener, dass sich das Pferd jederzeit bewegen kann, wenn ihm danach zumute ist. Das Boxenpferd, das einen ausgiebigen Koppelaufenthalt genießt, kann dies aber nur zu jener Zeit, da es im Freien ist, nicht aber in jenen vielen Stunden, die es doch in der Box verbringt, und das ist zumindest ein Drittel des Tages. Es bestimmt also nicht selbst, wann es sich bewegt, sondern es wird ihm vom Stallbesitzer gewissermaßen vorgeschrieben. Und diese beiden Zeitvorstellungen stimmen so gut wie niemals überein. Zu einer Zeit, da das Pferd ruhen will, wird es vielleicht auf die Koppel geschickt, während es zu Zeiten, da ihm nach Bewegung zumute ist, wieder in die Box gesperrt wird.

Das Pferd auf der Koppel ist der Witterung mehr ausgesetzt und kann eher dadurch Schaden erleiden, denn erstens ist sein Organismus nicht entsprechend abgehärtet, zweitens kann der Temperaturunterschied zwischen drinnen und draußen pro Tag in Winterzeiten locker 25 Grad betragen, und das beansprucht einen Organismus schon sehr. Drittens sind Koppeln in der Regel nicht mit Unterständen ausgestattet, so dass das Pferd keine Zuflucht finden kann, um sich vor zu starker Sonneneinstrahlung, vor der Fliegenplage oder vielleicht zu starkem Regen zu schützen.

Trotzdem ist natürlich ein ausgedehnter Koppelaufenthalt täglich immer noch besser, als wenn das Pferd seine Zeit ganz in der Box verbringt oder nur für ein, zwei Stunden hinaus darf.

Eine passablere Alternative wäre jedoch die Box mit Paddock, wo das Pferd jederzeit nach Belieben durch die offene Tür zwischen draußen und drinnen hin- und hergehen kann. Selbst wenn der Paddock nur die Breite der Box haben kann und oft nur wenige Meter lang ist, erweitert er doch die Bewegungsmöglichkeit des Pferdes beträchtlich.

WO IST OFFENSTALL-HALTUNG MÖGLICH?

Prinzipiell wäre eine Offenstallhaltung immer möglich. Doch leider ist das bloße Theorie. So ist schon allein die Tierhaltung nicht überall erlaubt. Es gibt da außerdem den Paragraphen der „Ortsunüblichkeit", einen Gummiparagraphen, der jederzeit eine Pferdehaltung unmöglich machen kann, weil es an der gewünschten Stelle einfach nicht üblich ist, dass es nach Pferd „riecht". Zumeist ist es ja der „Geruch", der Anstand erregt. Wo Fabriken ungehindert ihre Abgase in die Gegend blasen dürfen, Autokolonnen auch nicht gerade zur Luftverbesserung beitragen, kann eine Pferdehaltung durchaus wegen „Geruchsbelästigung" abgelehnt werden. Oftmals kommen diese Einwände auch erst, nachdem man seine Pferdehaltung schon eine Weile betreibt, und man ist dann gezwungen, sie binnen relativ kurzer Frist aufzulassen oder zu verlegen.

Ein weiteres Problem ergibt sich aus der Errichtung eines Unterstandes. Wer nämlich meint, er könne eine Wiese kaufen oder pachten, irgendwo eine Bauhütte erwerben, auf der Wiese aufstellen und in einen Offenstall für seine Pferde umfunktionieren, irrt leider gewaltig.

In Gebieten, die nicht als Bauland gewidmet sind, ist es nicht erlaubt, Bauwerke aufzustellen. Dabei geht es nicht nur um Gebäude im traditionellen Sinn, sondern dieses Verbot betrifft ebenso Unterstände, Schuppen, Bauhütten, ja sogar Flugdächer und fahrbare Weidehütten. Genau genommen ist es nicht einmal erlaubt, seinen Traktor oder einen Wohnwagen auf freiem Feld abzustellen. Das Gerücht, dass alles erlaubt sei, was über kein festes Fundament verfügt, ist eben leider nur ein Gerücht.

Wenn Sie meinen, Sie hätten aber schon solche Anlagen gesehen, dann fällt dies unter das Motto: Wo kein Kläger, da kein Richter. Es ist aber gewiss nicht zweckmäßig, sich solchem Risiko auszusetzen. Denn muss man diese Haltung plötzlich wieder auflassen, ist die Frage „Wohin mit den Pferden" wieder genauso aktuell wie zuvor.

Man könnte natürlich eine Wiese im Grünland pachten und einfach auf einen Unterstand verzichten. Für robuste Pferderassen wie Shetties oder Isländer wäre dies möglich, wenn wenigsten dichtes Gebüsch oder ein Stück Wald vorhanden ist, wo die Pferde Schutz vor Insekten, Schatten im Sommer und einen Wind- und Schneeschutz im Winter finden. Allerdings werden Sie sich dann der Anzeigen von selbst ernannten Tierschützern nicht erwehren können, die bekritteln, dass die armen Pferde keinen Stall haben. Sie müssten ganz besonders gute Nerven haben, um dieses Treiben zu überdauern.

Weil die Gesetzeslage von Bundesland zu Bundesland verschieden ist, halten Sie, ehe Sie sich an die Einrichtung einer Offenstallhaltung machen, am besten Rücksprache mit der Gemeindeverwaltung Ihres Ortes, die immer die erste anzusprechende Instanz in Sachen Bauangelegenheiten ist. Erkundigen Sie sich, ob Sie an der vorgesehenen Stelle ein Bauwerk errichten dürfen und welche Art von Bauwerk dort erlaubt ist.

Wenn Sie über ein Grundstück im Bauland verfügen, sind Sie aber noch lange nicht aller Sorgen enthoben. Denn nun geht es um die Frage, ob hier Tierhaltung erlaubt ist. Und diese Schwierigkeiten gibt es nicht nur in der unmittelbaren Umgebung von Großstädten, sondern ebenso in den kleinsten Landgemeinden. Selbst wenn Sie an einen bestehenden Bauernhof einen Offenstall anbauen wollen, ist hierfür eine Genehmigung nötig

Also unbedingt zuerst Erkundigungen einziehen, ehe Sie mit dem Aufbau und der Einrichtung beginnen! Am angenehmsten wäre es gewiss, wenn Sie ein schon bestehendes entsprechendes Areal mit Bauwerk übernehmen könnten, selbst dann, wenn sehr viele Adaptierungsarbeiten nötig sind.

ZWEI TYPEN VON OFFENSTALLANLAGEN

Bei Offenstallhaltungen gibt es zwei Versionen: jene, die an andere Stallungen oder Wohngebäude angeschlossen werden, und die anderen, die sich in Einzellage befinden.

Beide Arten haben ihre Vor- und Nachteile. Da man aber in der Regel es sich ohnedies nicht aussuchen kann, sondern nehmen muss, was man auftreiben und sich leisten kann, muss man sich auch mit allen Vor- und Nachteilen abfinden.

Die an andere Gebäude angeschlossene Offenstallhaltung hat den Vorteil, dass bereits eine Infrastruktur vorhanden ist (Wasser, Strom, WC, Telefon, Nebenräume, vielleicht auch Reitplatz und Halle), dass der Zuweg kein Problem darstellt, man jederzeit auch andere Personen zur Verfügung hat für Notfälle oder auch nur zum Plaudern. Allerdings können einem diese anderen Menschen auch gewaltig auf die Nerven gehen. Und das ist die Kehrseite der Medaille.

In diese Kategorie fallen auch Pferdehaltungen hinterm Haus. Sie wären eigentlich das Ideal. Jederzeit kann man einen Blick auf seine Pferde werfen und hat doch die Annehmlichkeiten seiner Wohnung gleich daneben. Zumeist ist bei solchen Haltungen jedoch nicht viel Platz für den Auslauf vorhanden. Möglicherweise fühlen sich auch Nachbarn durch den Pferdegeruch gestört. Und mit dem Paragraphen der „Ortsunüb-

Eine Offenstallhaltung in Einzellage bietet für die Pferde eine absolut natürliche Umgebung und für den Menschen Ungestörtheit, bereitet aber allerlei Kopfzerbrechen hinsichtlich der Infrastruktur.

lichkeit" kann man Sie leicht zwingen, Ihre Haltung wieder aufzugeben.

Die einzeln mitten in der Landschaft liegende Offenstallhaltung hat den Vorteil, dass man allein ist und seine Ruhe hat, andererseits aber auch im Notfall keine Hilfe zur Hand ist. Der Zuweg führt häufig über nicht befestigte Straßen: bei Schlechtwetter mitunter ein Problem. Im Winter wird dieser Zuweg nicht geräumt. Durch hohen Schnee und gar durch Schneewehen stapfen, damit müssen Sie schon rechnen. Vor allem aber müssen Sie für die gesamte Infrastruktur selbst sorgen. In Einzellagen gibt es weder Strom noch Telefon. Sie haben keinen Kanalanschluss für das WC. Ein warmer Raum, in dem man sich im Winter aufwärmen kann, ist meist auch nicht vorhanden.

Der Preis für Unabhängigkeit und Ruhe ist, wie man sieht, recht hoch. Aber Pferde fühlen sich hier besonders wohl, weil sie den Blick in die weite freie Natur haben, der ihnen von keinen anderen Gebäuden getrübt wird. Die Luft ist besser, weil stets entsprechender Durchzug herrscht.

WAS KOSTET DIE OFFENSTALLHALTUNG?

Allgemein herrscht die Meinung vor, dass die Offenstallhaltung die billigste Version der Pferdehaltung sei. Doch das stimmt nur bedingt. Die Kosten setzen sich aus zwei Komponenten zusammen: Den Kosten für Anschaffung und Errichtung sowie den Kosten für die Erhaltung der Pferde.

Sobald vorhandene Gebäude genutzt werden können, die womöglich schon im Besitz sind, müssen nur mehr Kosten für die Adaptierung berechnet werden. Hier kann man natürlich von simpel bis kunstvoll jede Variation, den vorhandenen Mitteln entsprechend, wählen. Den Pferden ist gewiss auch die simple Form recht. Alles was Luxus oder besondere Schönheit betrifft, dient mehr dem Stolz des Besitzers.

Die laufend anfallenden Kosten für die Erhaltung der Pferde können durch viel Eigenarbeit deutlich gesenkt werden. Wer selbst ausmistet und füttert, spart die Kosten für Stallpersonal. Wer gar noch auf eigenen Wiesen das Heu oder Grünfutter selbst herstellt, kann außerdem dabei noch Geld sparen.

Nicht übersehen darf man, dass Offenstallhaltungen oft weiter vom eigenen Wohnort entfernt sind als Reitställe und so Fahrtkosten noch ins Gewicht fallen. Können Sie die Pferde nicht ständig selbst betreuen, sondern müssen zeitweise jemand anderen damit betrauen, treibt das die Kosten weiter in die Höhe.

WIE SAGE ICH ES MEINEN MITMENSCHEN?

Viele Mitmenschen wissen nicht, dass Pferde in einem Offenstall am besten aufgehoben sind. Sie bedauern diese, weil sie im Regen stehen, nasse Füße bekommen oder sich im Schnee wälzen und meinen, dass sie es hier mit Tierquälerei zu tun hätten. Gar nicht so selten sind Anzeigen bei Tierschutzvereinigungen, Amtstierärzten oder der Polizei die Folge. Um solche Missverständnisse zu vermeiden, kann man an der Koppelumzäunung Informationsplakate anbringen, welche die Passanten informieren.

DIE ANLAGE

Damit eine Offenstallhaltung den Ansprüchen gerecht wird, sind intensive Überlegungen nötig. Wer nicht vorher festlegt, was er an Gebäuden und anderem benötigt, muss vieles nachträglich verändern. Das aber kann manchmal gar nicht mehr so einfach sein und kostspieliger werden, als wenn man von Anfang an richtig geplant hat.

Die wichtigsten Bestandteile einer Offenstallanlage sind Unterstand oder Stall, Koppel oder Auslauf, Einzäunung sowie Nebenräumlichkeiten für das Futter und die Mistlagerstätte. Hier kann man keinerlei Abstriche machen. Es ist dabei Größe, Form und Anordnung genau zu überlegen, denn gerade hier sind nachträgliche Änderungen schwierig.

UNTERSTAND ODER STALL

Ob Sie Ihren Offenstallpferden einen simplen Unterstand oder einen Stall bieten, hängt zumeist von den vorhandenen Räumlichkeiten ab. Sehr gut zu nützen sind da aufgelassene Stallungen, alte Scheunen oder Schuppen. Wo man selbst erst ein entsprechendes Bauwerk errichten muss, wird man sich vielleicht mit der simpleren Version eines Unterstandes begnügen müssen.

DER GESÜNDESTE PLATZ

An welcher Stelle des Areals Stall oder Unterstand errichtet werden, ist gar nicht so unwichtig wie man glaubt. Dieser Platz soll nämlich mehreren Anforderungen entsprechen:

Er muss für den Menschen gut zugänglich sein. Ein Unterstand, hundert Meter bergauf vom Eingang entfernt, wird für den Pferdebesitzer, der das Futter transportieren muss, ebenso wie für den Tierarzt große Probleme mit sich bringen. Je näher am Eingang der Unterstand liegt, desto angenehmer für den Menschen.

Ein höhergelegener Platz ist von Vorteil, weil er einerseits trockener ist (am tiefsten Punkt des Grundstücks sammelt sich immer die Feuchtigkeit von Regen und Schnee-

Wo sich ein Pferd genüsslich zu einem Schläfchen niederlässt, dort ist der Platz für viele Tiere und auch für den Menschen gesund.

schmelze), andererseits auch mehr dem Wind ausgesetzt ist. Und Pferde lieben den Wind. Dort, wo der Wind durchziehen kann, gedeihen Pferde besser und sind weniger häufig krank. Darum sind auch enge Täler, in denen es ja zu wenig Luftdurchzug gibt, für Pferdehaltung nicht gerade vorteilhaft. Wild lebende Pferde wählen stets erhöhte, dem Wind ausgesetzte Stellen für ihre Schlafplätze.

Unbedingt beachten muss man bei der Auswahl des Platzes für Stall oder Unterstand, dass Pferde besonders empfindlich auf Wasseradern und Erdstrahlen reagieren. Immer schon galt es bei Landwirten als erwiesen: Dort wo sich ein Pferd und eine Kuh niederlassen, kann man beruhigt sein Haus bauen. Die Zonen, die ein Pferd bevorzugt, sind nämlich auch für den Menschen die gesünderen. Umgekehrt verhält es sich bei Katzen, Ameisen, Schlangen oder Spinnen. Sie bevorzugen genau jene Stellen, die für Mensch, Pferd, Kuh, Hund oder Schwalben nachteilig sind.

Bekannt ist ja, dass es in den meisten Pferdestallungen Boxen gibt, in denen Pferde nicht so recht gedeihen wollen, immer wieder Koliken haben, abnehmen, dahinkränkeln oder Verhaltensauffälligkeiten entwickeln. Geht man der Ursache nach, kann man Wasseradern oder andere geopathische Erscheinungen wie Erdverwerfungen, Hohlräume oder geologische Brüche feststellen.

Uns selbst wurde die Bedeutung der richtigen Platzwahl einst sehr drastisch vor Augen geführt: Unser armes erstes Pferd hatten wir in unserem Obstgarten untergebracht, in welchem wir eine gemütliche Box genau an jener Stelle errichteten, an der zuvor ein Baum eingegangen war. Damals war das Wissen um geopathische Zonen noch nicht so allgemein bekannt, doch hätte uns allein die Tatsache, dass dort zuvor ein Baum ohne für uns ersichtlichen Grund eingegangen war, schon zur Vorsicht mahnen müssen.

Das Pferd zeigte uns ganz deutlich, dass mit dem Platz, an welchem wir die Box errichtet hatten, etwas nicht in Ordnung war. Es weigerte sich standhaft, sich darin aufzuhalten, und konnte abends stets nur mit Gewalt dorthinein verfrachtet werden. Etliche Male brach es nachts die Tür auf, um diesem Platz zu entkommen. Und regelmäßig donnerte es bei Tagesanbruch mit den Hufen gegen die Tür, um hinausgelassen zu werden. Tagsüber stand es bei jeder Witterung, ob Gewitterregen, Hagel oder Schneesturm, ja selbst während der heftigsten Insektenplage stets im Freien und suchte lieber neben der Wand unseres Hauses Schutz als in dieser Box. Erst als wir ein Jahr später in unsere heutige Offenstallhaltung übersiedelten, war die Stute mit ihrem Stall zufrieden und suchte ihn immer wieder gern auf.

Vielleicht ist Ihnen auch schon aufgefallen, dass Pferde in manchen Boxen immer nur an einer bestimmten Stelle stehen, vielleicht ganz hinten, unmittelbar an einer Seitenwand oder gar nur in einer Ecke. Sobald sie in die Box gebracht werden, suchen sie diese Stelle auf und verlassen sie kaum. Das ist der Versuch, ungünstige Zonen zu vermeiden und in die günstigeren Teile auszuweichen. Andererseits wirkt sich bei kränkelnden Pferden der Wechsel in eine andere Box oft ganz überraschend positiv auf den Gesundheitszustand aus.

Pferde, die in Boxen oder gar in einem Ständer stehen, haben wenig Chancen, Störzonen zu meiden. Pferde im Offenstall oder in einem Laufstall haben diese Möglichkeit schon. Sie wählen einfach einen störungsfreien Teil als ihren Liegeplatz. Wenn allerdings ein Stall über einer ausgedehnten Störzone errichtet wurde, wird um die guten Plätze großes Gedränge entstehen, bei dem die ranghöheren Tiere Sieger bleiben, während rangniedere Pferde dann mit dem ungünstigeren Bereich vorlieb nehmen müssen oder überhaupt ins Freie ausweichen. Um das zu vermeiden, sollte man Stall oder Unterstand auf eine halbwegs störungsfreie Stelle platzieren.

Es ist nicht so einfach, Störzonen selbst zu erkennen. Man kann sich aber recht gut auf Tiere verlassen. Auch Schwalben im Stall bringen nicht deshalb Glück, weil sie die Fliegen fangen, sondern weil sie sich dort niederlassen, wo eine auch für Pferde, Kühe und Menschen angenehme Ausstrahlung vorherrscht. Wo Ameisen ihre Straße ziehen, Spinnen die Gegend bevölkern, Katzen sich genüsslich räkeln, dort ist Vorsicht geboten. Bis Sie allerdings diese Feststellungen in Ihrem Stall getroffen haben, ist es schon zu spät. Sie sollten sich noch vor Baubeginn über die gesundheitliche Qualität des ausgewählten Platzes informieren, um notfalls eine Verschiebung des Bauplatzes vorzunehmen.

DAS GEBÄUDE

Ein Unterstand könnte lediglich aus einem Flugdach bestehen. Will man die Haltung aber zu allen Jahreszeiten nützen, sind Wände schon erforderlich. Eine einzige Wand ist dabei nicht ausreichend, weil sie keinen Windschutz bietet. Üblich sind Unterstände mit zwei und drei Wänden. Am besten bewähren sich Unterstände, die wie

Ein praktischer Unterstand mit vorspringendem Dach. Er bietet jedoch keinen Schutz vor der Insektenplage. Sommerekzempferde können hier im Sommer nicht in Ruhe leben, für alte oder auch empfindliche Pferde gibt es zu wenig Schutzmöglichkeit im Winter.

ein Stall an allen vier Seiten Wände haben. Hier finden die Pferde auch Schutz vor Insekten, was für die Tiere wichtiger ist als der Schutz vor Schlechtwetter. Wo Pferde auch den Winter über im Offenstall gehalten werden, wo es alte Pferde gibt, aber auch in Gegenden mit starker Insektenplage, ist ein stallartiges Gebäude mit vier Wänden und einem oder zwei Eingängen unbedingt vorzuziehen.

Wo Gebäude schon vorhanden sind, ist die Einrichtung eines Stalles billiger. Zumeist muss der Raum innen erst frei gemacht werden. War das Gebäude etwa vorher ein Kuhstall, sind Stände zu entfernen und Fußböden einzuflachen. Der Stall muss für die Offenstallhaltung innen ebenso frei und nicht unterteilt sein wie ein Unterstand.

Im Zuge der folgenden Ausführungen werden wir die Bezeichnungen Unterstand und Stall als Synonyme gebrauchen.

BAUMATERIALIEN

So man nicht auf ein schon vorhandenes Gebäude zurückgreifen kann, erhebt sich auch die Frage: Woraus baue ich den Unterstand?

Spricht etwas gegen Holz?

Bevorzugtes Material ist hier immer das Holz, weil es leicht zu verarbeiten und in manchen Gegenden preiswert erhältlich ist sowie sich gut in die Natur einfügt.

Wir haben jedoch einiges gegen Holz als Material einzuwenden: Holz ist absolut nicht pflegeleicht, sondern sollte durch einen Schutzanstrich gegen den Befall durch Schädlinge und gegen Verwitterung geschützt werden. Dieser Schutzanstrich muss auch regelmäßig erneuert werden. Doch nicht der so entstehende zusätzliche Arbeitsaufwand ist es, der gegen das Holz spricht, sondern die Tatsache, dass alle wirksamen Schutzmittel stark giftig sind, was nicht nur der Umwelt, sondern auch den gern am Holz nagenden Pferden schlecht bekommt.

Und damit sind wir auch schon beim zweiten Punkt: Pferde nagen gern am Holz herum. Nicht nur Pferde, die Mangelerscheinungen haben, wie manchmal fälschlich behauptet wird. Pferde nagen aus Langeweile, weil ihnen der Geschmack von Holz zusagt oder aber, weil sie einfach ihr Kaubedürfnis noch nicht befriedigt haben.

Auch heftiges Scheuern kann einfache Holzbauten allmählich in klapprige Gebilde verwandeln, weil Bretter gelockert werden. Nägel wandern nach und nach heraus und müssen regelmäßig kontrolliert und wieder eingeschlagen werden, um Verletzungen der Pferde zu vermeiden. Nicht nur der Mensch, auch Pferde können sich Holzsplitter und kleine Späne einziehen.

Holz ist kein totes Material. Es arbeitet. Bei Feuchtigkeit quillt es auf, bei Trockenheit zieht es sich zusammen. Wer in einer schwülen Sommerperiode nachts die Holzwände seines Stalles befühlt und dann die Betonteile, wird einen gewaltigen Temperaturunterschied feststellen. Holz gibt auch nachts noch die Tageswärme ab, währen Beton mit einer abgekühlten Oberfläche viel angenehmer wirkt.

Auf frischer Tat ertappt! Mit scheinheiligem Gesicht hört das beobachtete Pferd zu nagen auf, doch das schon stark abgenagte Querholz verrät seine Tätigkeit.

Wird Holz feucht, bei Regen, aber auch bei stärkerem Nebel, dann riecht es im Stall wie in einer Badekabine. Auch das ist nicht jedermanns oder jederpferds Sache. Holz saugt auch den Harn auf, und er kann daraus nicht mehr entfernt werden. Dadurch nehmen vor allem Holzböden, aber auch untere Bauteile aus Holz allmählich einen unangenehmen Geruch an.

Durch Scheuern werden Bretter und Verschlüsse leicht gelockert.

Nur sehr massive Bauweise und robuste Materialien halten dieser Belastung stand.

Nicht umsonst werden viele Musikinstrumente aus Holz gefertigt. Holz ist ein ausgezeichneter Resonanzboden. Es schwingt mit. Dadurch wird Lärm aus der näheren und leider auch weiteren Entfernung verstärkt. Der Verkehrslärm auf einer hundert Meter entfernten Straße kann einem im Holzstall den Eindruck vermitteln, der LKW oder das Motorrad führen mitten durch die Stallung.

Trotz dieser vielen Nachteile wird Holz doch in den meisten Fällen erste Wahl sein. Um das verwendete Holz vor dem „Nagetier" Pferd zu schützen, wird empfohlen, alle Kanten und Angriffsflächen mit Blech zu beschlagen. Auch Mittel sind auf dem Markt, die für das Pferd ungefährlich sind, sie aber davon abhalten, das Holz zu benagen. Für Kanten und Pfosten ist dies durchaus zweckmäßig.

Mitunter fressen Pferde aber auch an den Flächen, vor allem an der Außenwand. Sind Bretter nur aufgenagelt, werden sie auch bei den diversen Kauversuchen losgerissen. Die Wände müssten also aus Brettern mit Feder und Nut gebaut werden, wo die Pferde dann kaum mehr ihre Zähne wirkungsvoll ansetzen können. Weichholz ist völlig ungeeignet, denn es schmeckt gut und ist leicht zu benagen. Die Verwendung von Hartholz hingegen verteuert das Bauwerk beträchtlich.

Allerdings tragen auch noch Sonne und Regen dazu bei, dass die Holzwände nicht nur unansehnlich, sondern auch durchlässig werden. Eine komplette Verkleidung solcher, vor allem wetterseitig gelegener Wände wird deshalb von Vorteil sein. Die relativ billige Version der Verkleidung mit Bitumenwellpappe ist leider nicht zu empfehlen. Zwar schmeckt dieses beschichtete

Eine Holzwand auf der Wetterseite, vom Zahn der Zeit und den Zähnen der Pferde benagt und von Regen, Schnee und Sonne komplett ruiniert.

Material den Pferden nicht, trotzdem beißen sie gern Löcher hinein. Unserer Erfahrung nach ist eine Verkleidung mit Trapezblech die bessere Version. Wenn man das Material bei einem Abbruch erwerben kann, ist sogar die Kostenfrage kein Problem. Und das Blech lässt sich so lackieren, dass es dann vom Holz des restlichen Gebäudes kaum mehr absticht.

Welche anderen Baumaterialien kommen in Frage?
Bewährt sind nach wie vor Ziegelbauten. Schon die alten Römer wussten um die hervorragenden Qualitäten von Ziegeln. In der Zwischenzeit ist auch die technische Entwicklung nicht stehen geblieben und es gibt immer wieder andere, bessere und weniger zeitaufwendig zu verarbeitende Formen.

Eine Reparatur ist unumgänglich. Auf Anraten des Architekten wurde eine Verkleidung mit Trapezblech als für die Wetterseite gut geeignet befunden.

Das anfängliche Interesse der Pferde für die neue Wand weicht der Enttäuschung: Hier gibt es nichts mehr zu benagen.

Ziegel verfügen über eine gute Luftdurchlässigkeit und einen guten Feuchtigkeitsaustausch. Leider sind auch Ziegel nicht restlos pferdesicher. Durch emsige Lecktätigkeit werden Ziegel gelockert, bei heftigen Fußtritten können Steine beschädigt werden.

Beton ist viel besser als sein Ruf. Er ist hart und dauerhaft, schwer zerstörbar und hält auch großer Belastung stand. Der Bau schreitet rasch fort, wenn man mit Hohlblocksteinen arbeitet, die sowohl mit Beton gefüllt wie auch, bei kleineren Bauvorhaben, hohl verarbeitet werden können. Nachteile des Betons sind seine Luftundurchlässigkeit, so dass sich ein nicht gerade vorteilhaftes Raumklima ergibt, was bei einem Offenstall jedoch nicht so sehr ins Gewicht fällt. Günstiger hinsichtlich Raumklima sind die Lecaton-Steine, mit Nut und Feder auch sehr schön zu verarbeiten.

Ytong lässt sich einfach und besonders schnell verarbeiten. Ytong besteht aus Quarzsand und Kalk, so besehen also eine gesunde Mischung. Infolge seiner Porenstruktur hat es auch eine gute wärmedämmende Wirkung. Sein Nachteil ist, dass es nicht nur vom Menschen, sondern auch von Pferdehufen und Pferdezähnen leicht bearbeitet werden kann. Deshalb muss in Pferdehöhe eine pferdesichere Verkleidung erfolgen.

Es gibt auch schon vorgefertigte, igluartige Unterstände aus Kunststoff, die schnell aufzustellen sind, aber irgendwie steril und in der Natur unpassend wirken. Gefälliger sind da Fertigställe aus Holz, die zu durchaus erschwinglichen Preisen angeboten werden. Hier sollte man darauf achten, dass sie aus Hartholz gefertigt sind und auf Feder und Nut verarbeitet.

DIE GRÖSSE DES UNTERSTANDES

Immer wieder taucht logischerweise die Frage auf: „Wie groß muss der Unterstand sein?" Jeder erwartet eine genaue Angabe der benötigten Quadratmeter pro Pferd, so wie das bei Boxen üblich ist. Aber bei Räumen, in denen Pferde nicht eingesperrt sind, sondern nach Belieben herumgehen oder überhaupt das Freie aufsuchen können, sieht das ganz anders aus.

Beschäftigen wir uns aber, ehe wir näher auf die Grundfläche eingehen, mit der benötigten Höhe. Über den hochgetragenen Pferdeköpfen muss immer noch ein entsprechender Luftraum vorhanden sein. Dieser Luftraum ist jedoch weniger für die Atemluft von Bedeutung, wie dies in Boxenställen der Fall ist, sondern soll vor allem dafür sorgen, dass sich die Pferde nicht verletzen, wenn sie sich einmal auf den Hinterbeinen erheben. Für Pferde mit einem Stockmaß unter 150 Zentimeter genügt eine Höhe von etwa 2,80 bis drei Meter. Bei größeren Pferden wird man entsprechend ihrer Größe an Höhe zugeben. Hierbei handelt es sich um Mindestmaße. Größere Höhen sind immer von Vorteil, weil sie für bessere Luft auch im Unterstand sorgen.

Welche Nachteile haben allzu geräumige Unterstände?

Und nun zur Grundfläche. Dabei geht man davon aus, dass der Unterstand auch ausreichen muss, dass sich alle Pferde der Haltung gleichzeitig darin aufhalten können. Der Unterstand soll aber andererseits kein Tanzsaal sein. Ist er nämlich zu geräumig, verlegen Pferde ihre Spiele gelegentlich auch dorthin und das kann gefährlich werden, sowohl für sie selbst wie auch für die Mitbewohner und schon gar für den Menschen. Für ihre Steigspiele, Beißereien, Rangeleien und Rangkämpfe sollen sie das Freie aufsuchen, wo die Verletzungsgefahren durch Ausrutschen, Hinfallen oder Anprallen wesentlich geringer sind.

Wenn man Pferde in einem Offenstall beobachtet, stehen sie, falls sie gerade alle darin Schutz vor Insekten oder Witterungsunbilden suchen, ziemlich nahe beieinander. Selbst in extrem geräumigen Unterständen suchen sie eher die körperliche Nähe der Gruppenmitglieder. Durch Schlagen mit den Schweifen schützen sie sich gegenseitig vor zudringlichen Insekten, bei extremer Kälte erhalten sie so die Körperwärme. Auch das rangniedere Pferd wird dann problemlos in der Nähe geduldet.

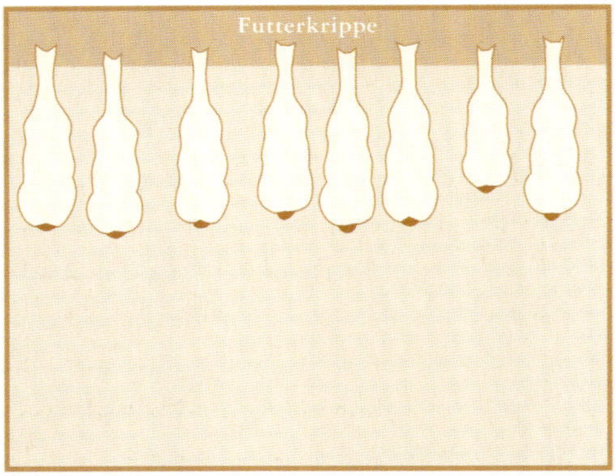

Auf der Skizze hat jedes Pferd 80 bis 100 Zentimeter Platz für sich, wenn alle an der Futterkrippe stehen. Hinter den Pferden ist ausreichend Raum für den betreuenden Menschen, aber auch für Pferde, die ihren Platz wechseln wollen.

Wenn die Pferde im Unterstand schlafen, liegen sie meist kreuz und quer, aber doch alle sehr nahe beieinander. Auch dabei ist der Platzbedarf geringer als in einer Box. Sie brauchen auch nicht Raum, um sich zu wälzen, denn das sollen sie ebenfalls besser im Freien erledigen.

Unserer langjährigen Erfahrung nach lässt sich die erforderliche Grundfläche am besten so errechnen: Die Stallänge, an der sich auch der Futterplatz befindet, muss Raum für alle Gruppenmitglieder nebeneinander bieten, wobei man pro Pferd etwa 80, aber nicht mehr als 100 Zentimeter rechnet. Für fünf Pferde würde also eine Stallänge von vier bis fünf Metern ausreichen, für eine Gruppe von zehn Pferden acht bis zehn Meter. Die Stalltiefe sollte so angelegt sein, dass hinter den am Futterplatz fressenden Pferden so viel Platz vorhanden ist, dass sich der Mensch dort bewegen und aufhalten kann, ohne unmittelbar in die Reichweite der Hufe fressender Pferde zu gelangen, aber auch die Pferde mühelos ihren Platz wechseln können. Dies ist bei einer Stalltiefe von fünf, besser sechs Metern der Fall. Diese Tiefe ist also nicht von der Anzahl der Pferde abhängig, sondern bleibt konstant. Nur die Stallänge wird durch die Anzahl der Pferde beeinflusst. Wir kommen dabei im Offenstall auf etwa fünf Quadratmeter Fläche pro Pferd, während eine Box doch zumindest zwölf Quadratmeter Fläche aufweisen muss.

Wie sinnvoll sind flache Unterstände?

Die Tiefe des Stalles oder Unterstandes ist von großer Bedeutung. Wenn die Pferde Zuflucht vor lästigen Insekten suchen, so kann dies nur in der Tiefe des Unterstandes erfolgreich geschehen. Dort, wo es auch ziemlich dunkel ist, halten sich Fliegen nicht gern auf. In Nähe des Einganges, wo es so hell wie im Freien ist, sind die Insekten ebenso lästig wie im Freien direkt. Aus diesem Grund bietet auch ein Unterstand, der nicht an vier Seiten geschlossen und nur mit Ausgängen versehen ist, keinen merkbaren Schutz vor Insekten.

DER EIN- UND AUSGANG

Die Öffnung, durch welche die Pferde ein- und ausgehen, muss entsprechend breit und hoch sein. Die Höhe hängt von der Größe der Pferde ab. Jedes von ihnen sollte nicht nur mit erhobenem Kopf hindurch können, sondern darüber noch ein wenig freien Luftraum haben. Die Breite der Öffnung hängt von der Anzahl der Pferde ab, die hier leben. Bei zwei, drei Pferden genügt eine Öffnungsbreite von zwei Pferdebreiten, das sind

Die Stalltür muss in der Höhe der Größe der Bewohner angepasst sein. Die Breite von 1,70 Metern genügte stets, auch bei einer Herdengröße von 12 Pferden und mehr. Die auf diesem Foto sichtbare Schiebetür, die dazu gedacht war, Pferde im Bedarfsfall im Stall zu halten, wurde in allen 25 Jahren niemals benützt.

160 bis 200 Zentimeter. Handelt es sich um eine gewachsene Herde, die ihre entsprechende Rangordnung hat und keinerlei wirklich unverträgliche Pferde beinhaltet, kann man sich auch mit einem einzelnen Tor von zwei Meter Breite begnügen.

Bei unverträglichen Pferden oder solchen, die miteinander nicht sonderlich vertraut sind, oder wenn in die Gruppe immer wieder andere Tiere kommen, ist ein zweiter Ausgang von Vorteil, durch den sich ein gejagtes Pferd flüchten kann, wenn der eine Ausgang verstellt ist, oder durch den es den Stall ungehindert betreten kann.

Die Türöffnungen sollten sich niemals auf der Wetterseite befinden, sondern nach Möglichkeit gegen Süden oder zumindest gegen Südosten zeigen. Die zweite Türöffnung an einer anderen Seite zu machen, sollte man tunlichst vermeiden. Sie wird am besten in derselben Wand angebracht wie Tür Nummer eins, doch sollten sie einen entsprechenden Abstand voreinander haben. Beachten muss man jedoch, dass dabei der dunkle Bereich im Stall nicht zu klein wird.

Soll man die Türen auch verschließen können?

Es genügt, wenn diese Türen einfach eine Öffnung sind. Es ist nicht nötig, dass man sie auch verschließen kann, weil der Offenstall, wie sein Name sagt, immer offen sein soll; und das Tag und Nacht, sommers und winters.

Will man die Pferde aus bestimmten Gründen vorübergehend wegsperren, genügt auch ein Balken, der vor der Öffnung in zwei Schlingen eingehängt wird. Schlingen aus fester Schnur bewähren sich besser als Metallbefestigungen, die vorstehen und Verletzungen hervorrufen können. Die Befestigungen für den Balken werden sinngemäß an der Stallinnenseite angebracht, damit Pferde, wenn sie zum Ausgang drängen, den Balken gegen den Türstock drücken und nicht in Richtung draußen.

Decken oder Plastikstreifen oder Plastiktürblätter bei schlechtem oder kaltem Wetter vor die Tür zu hängen, ist nicht nur unnötig, sondern unsinnig. So werden nicht nur die Pferde im Hinundhergehen behindert, sondern die abgestandene und mit Ammoniak angereicherte Luft sammelt sich im Unterstand, und so gibt es denselben Effekt wie in einem herkömmlichen Stall: Schlechte Luft, welche die Atmungsorgane schädigt. Im Sommer, zur Zeit der Fliegenplage, wären eventuell Fransenvorhänge vertretbar, die den eintretenden Pferden die Insekten abstreifen.

FENSTER

So wichtig bei einem herkömmlichen Boxenstall eine große Anzahl von nicht zu kleinen Fenstern ist, um dem Aufenthaltsort der Pferde ausreichend Licht zu geben, so bedeutungslos sind Fenster in einem Offenstall, den Pferde ja nur zeitweise benützen, während sie sich vorwiegend im Freien aufhalten und daher ausreichend Tageslicht haben. Ein Unterstand, auch einer, der an allen vier Seiten Wände besitzt, kann also ohne weiteres auch ohne Fensteröffnungen auskommen.

Ein relativ dunkel gehaltener Unterstand ist eher vorteilhaft, weil die meisten Insekten Dunkelheit meiden, so dass die Pferde dann im Unterstand von ihnen verschont werden.

Eventuell kann aber eine Lüftungsmöglichkeit günstig sein, um vor allem an schwülen Sommertagen den Raum von der aufgestauten Hitze zu befreien und einen angenehmen Durchzug zu sichern. Auch um übermäßige Feuchtigkeit loszuwerden, bewähren sich Lüftungsmöglichkeiten. Diese müssen an der den Eingängen gegenüberliegenden Wand angebracht sein, brauchen nun aber keine Glasfenster zu sein; es genügt vollauf, wenn dies Holzläden oder Klappen sind, die man im Bedarfsfall öffnen kann.

Wo ein Stromanschluss vorhanden ist, wäre natürlich ein Ventilator zweckmäßig. Das ist allerdings ein Luxus und muss wirklich nicht sein. Aber der entstehende Luftzug hält lästige Insekten ab.

DER BODEN

Am idealsten wäre im Stall oder Unterstand ein Naturboden. Er wäre elastisch, würde Feuchtigkeit aufsaugen und für ein gutes Raumklima sorgen. Leider hat er auch Nachteile: Nach einiger Zeit ist er so mit Harn gesättigt, dass er „stinkt“. Pferdehufe reißen den vom Harn feuchten Boden auf, ackern ihn schließlich sogar um. Der Endeffekt: Morast im Stall. Außerdem wird das Ausmisten fast unmöglich.

Aber es gibt genügend Alternativen. Da wäre zunächst der Lehmboden. Gestampfter Lehm ist gleichfalls elastisch, lässt sich aber recht gut auch ausmisten. Allerdings muss er nach einiger Zeit ausgewechselt werden, weil er sich, zwar nur langsam, aber doch mit Harn angesogen hat.

Über Holz haben wir schon gesprochen. Als Stallboden ist es abzulehnen, weil es sich ebenso vollsaugt, aber nicht gereinigt werden kann und ein regelmäßiger Austausch der Bodenbretter doch etwas zu umständlich wäre. Feuchter Holzboden wird zudem rutschig. Auch nicht gerade das, was man sich im Pferdestall wünscht. Was für Holzbretterboden gilt, gilt auch für Holzstöckelboden.

Ziegel sind recht günstig, geben eine warme Liegefläche ab und sind auch „hautsympathisch“ und angenehm beim Ausmisten. Sie müssen aber unbedingt in einem Betonbett verlegt werden, damit sie durch das Herumgehen der Pferde nicht gelockert und verschoben werden.

Asphaltboden ist durchaus brauchbar, lässt sich auch gut ausmisten. Allerdings sagt man dem Asphalt Krebs erregende Eigenschaften nach.

Beton ergibt einen angenehmen, dauerhaften Boden, der Harn nicht aufsaugt. Er ist leicht zu reinigen und dann, wenn er nicht völlig glatt verschmiert, sondern leicht geraut ist, auch rutschfest.

Stallbodenmischungen mit Leca und ähnlichem sind etwas teurer, besitzen aber ausgezeichnete Eigenschaften hinsichtlich Wärmedämmung, Rutschfestigkeit und sind leicht zu reinigen.

Gummimatten sind nicht zu empfehlen, weil sie durch die Pferdehufe leicht vom Boden gelöst werden, wodurch es zu Unfällen kommen kann. Unter ihnen sammeln sich im Laufe der Zeit Harn und Futterreste an. Weil diese Platten aber von hohem Gewicht sind, wird man sie kaum zur Reinigung des Untergrunds entfernen. Allerdings gibt es auch Gummibeläge, die auf den Boden aufgegossen oder fest verklebt werden. Beschichtungen des Bodens mit Naturkautschuk sind eine gute und naturnahe Lösung. Ob man sich so etwas leisten will, ist einfach eine Frage der vorhandenen Geldmittel, denn diese Materialien sind nicht billig. Dazu kommt ja auch noch der Unterbau aus Beton, denn diese Gummibeläge können nicht unmittelbar auf den Naturboden aufgebracht werden.

Der Boden bereitet den Offenstallanlegern auch Kopfzerbrechen, weil sie meinen, dass er den Pferden unbedingt eine warme Liegefläche ermöglichen müsse. Wichtig ist aber nur, dass die Liegefläche trocken ist. Pferde brauchen keine warme Matratze. Sie legen sich winters ja sogar in den Schnee, der bestimmt nicht gerade warm ist. Aus diesem Grund ist auch die dem Betonboden nachgesagte Strahlungskälte nicht von Bedeutung.

UNTERTEILUNGEN

Gelegentlich findet man in Offenstall-Unterständen oder Stallungen Unterteilungen: kurze Trennwände oder Vorhänge oder Plastikplanen. Die Stallbesitzer meinen, damit den Pferden die Möglichkeit zu bieten, sich zurückziehen oder gar sich vor den Nachstellungen anderer in Sicherheit bringen zu können. Das ist sehr edel gedacht, jedoch praktisch für die Pferde nicht vorteilhaft, sondern eher gefährlich. Durch solche Abteilungen können Pferde wie in einer Falle gefangen sein. Es gibt sogar streithafte Pferde, die ihre Opfer ganz gezielt in solch einen Hinterhalt treiben und sie dann dort nach Strich und Faden beißen oder mit den Hufen verprügeln. Aber auch wenn aus irgendeinem Grund eine Massenpanik ausbricht, was bei Pferden schon bei ganz geringen Anlässen der Fall sein kann, behindern diese Unterteilungen die Flucht. Sie können wie ein Irrgarten wirken, durch welchen die Pferde nicht schnell genug den Ausgang erreichen können. Dies verstärkt ihre Panik noch zusätzlich. Massive Verletzungen können entstehen.

Am sichersten ist ein absolut freier Raum. Er bietet die nötige Fluchtmöglichkeit sowohl für einzelne Tiere wie auch für die ganze Gruppe. Wir haben in der Hippagogischen Station auch mit Unterteilungen experimentiert, sie jedoch sehr bald wieder aufgegeben, weil sie sich absolut nicht bewährt haben.

DIE EINSTREU IM UNTER-STAND

Die Einstreu ist immer ein interessanter Diskussionspunkt. Überlegen wir, wozu die Einstreu dient. Sie hat zwei Funktionen: sie soll die Feuchtigkeit binden und so einen trockenen Stand- und Liegeplatz garantieren, und sie soll den Pferden ein weiches Bett geben.

Die Geschichte mit dem weichen Bett können wir ganz schnell vergessen. Frei lebende Pferde pflegen ihr Nachtlager speziell vorzubereiten, indem sie das dort vorhandene Gras nicht als weichen Pfühl nützen, sondern es bis auf die Grasnarbe abfressen, so dass nun ein fester Untergrund entsteht, auf dem sie dann ihre nächtlichen Ruhepausen liegenderweise absolvieren.

Wichtig für das Pferd als Fluchttier ist nämlich, dass es, im Falle, dass ein Beutegreifer naht, so schnell wie möglich aufspringen und die Flucht ergreifen kann. Um wirklich problemlos und schnell in die Höhe zu kommen, muss der Untergrund fest sein. Alles andere wie langes, niedergedrücktes Gras, aber eben auch eine hohe Strohlage oder eine dicke Späneschicht, gibt keinen sicheren Halt für die Beine. Das Tier rutscht und versäumt so wertvolle Fluchtsekunden. Eine Sache auf Leben und Tod gewissermaßen.

Gewiss, bei uns gibt es keine Beutegreifer. Aber versuchen Sie einmal, Ihrem Pferd das zu erklären! Wenn es nicht so schnell und sicher aufstehen kann, wie es will, kann es auch bei einer durch den Stall huschenden Maus durchaus in Panik geraten, auch ohne Tiger oder Löwen im Genick.

Der Unterstand wird von den Pferden nur zeitweilig genützt. Kann man sich darum das Einstreuen ganz ersparen?

Ein trockener Liegeplatz ist für Pferde allemal angenehmer als ein feuchter. Und dafür ist die entsprechende Einstreu sinnvoll. Allerdings bewährt sich im Unterstand einer Offenstallhaltung das Stroh als Einstreu überhaupt nicht, weil es von den hin- und hergehenden Pferden mit den Hufen überallhin verschleppt wird. Bei Spänen hingegen ist dies kaum der Fall. Späne sind ganz allgemein dem Stroh vorzuziehen, denn sie sind auch hygienischer, binden Feuchtigkeit und Geruch besser, das Ausmisten erweist sich als wesentlich einfacher und die Mistmenge ist geringer.Außerdem passiert es zumeist, dass die Pferde das Stroh zum Großteil auffressen und nachher doch auf dem nackten Boden schlafen.

Ob man die von manchen Leuten propagierte Version probiert, den Boden ganz ohne Einstreu zu belassen, weil dadurch auch der Boden schneller abtrocknet und sich der Ammoniakgeruch schneller verflüchtigen kann, das ist Geschmacksache. Bewährt hat sich allerdings, tagsüber den Boden ohne Einstreu zu lassen, weil die Pferde sich meist im Freien aufhalten, und erst abends einzustreuen.

In der schönen Jahreszeit jedoch ruhen und schlafen die Pferde lieber draußen. Wenn sie dann den Unterstand vorwiegend als WC benützen, sonst aber den Aufenthalt in der Koppel bevorzugen, ist Einstreuen überhaupt nicht notwendig.

Pferde schlafen gern im Freien.

Der Platz für den Stall muss sorgfältig ausgesucht werden, damit sich Pferde dort auch wirklich wohl fühlen und gut gedeihen.

Stallartige Gebäude, die an vier Seiten Schutz bieten, sind einem bloßen Unterstand vorzuziehen, weil sie vermehrt Schutz gegen Insekten oder auch gegen extremes Schlechtwetter bieten. Ein einziger Ausgang kann bei einer zusammengewachsenen Herde durchaus genügen; wo die Pferde öfter wechseln, muss unbedingt ein zweiter Ausgang vorhanden sein. Der Stall soll innen nicht mehr enthalten als nur eine Möglichkeit für die Fütterung, sonst dürfen keinerlei Unterteilungen, Vorsprünge und Einbuchtungen vorhanden sein, um alle Verletzungsgefahren zu vermeiden. Der Stall sollte eher dunkel sein, weil das die Insekten fern hält.

DIE KOPPEL

Der wichtigste Teil der Offenstallhaltung ist zweifellos die Koppel oder der Auslauf. Sie ist der unmittelbare Lebensraum. Sie ist Wohn-, Schlaf- und Esszimmer zugleich.

In der Theorie stellt man sich das immer so schön vor: eine grüne Wiese rings um den Unterstand, auf der Pferde herumtollen. Allerdings: wo Pferde eine Weile leben, wächst bald kein Gras mehr. Wie schnell das geht, hängt natürlich von der vorhandenen Fläche und der Anzahl der Pferde ab. Pferdehufen, auch solchen ohne Eisen, und den besonders Schmackhaftes bis auf die Wurzeln abnagenden Pferdemäulern ist keine Grasnarbe auf längere Zeit gewachsen.

DIE AUSMASSE DER KOPPEL

Wo eine entsprechend große Grundfläche vorhanden ist, tut man also gut daran, Weide und Koppelauslauf voneinander zu trennen. Die Koppel, die unmittelbar vom Unterstand her betretbar ist, wird von den Pferden rund um die Uhr benützt. Sie ist praktisch ihr Wohnzimmer. Die Weide, über die wir noch in einem späteren Kapitel sprechen werden, wird den Pferden nur zeitweise zur Verfügung stehen.

Viele Offenstallhalter haben aber gar nicht ein so großes Grundstück zur Verfügung, dass sich die Frage nach einer Abtrennung überhaupt ergibt. Und da sind wir gleich bei der wichtigsten Frage, die Offenstallinteressierte immer stellen:

Wie groß muss der Auslauf beim Offenstall sein?

Und nun erwartet jeder wieder eine genaue Angabe von Quadratmetern pro Pferd. Die Größe des Auslaufs wird in vielen Fällen von den vorhandenen Möglichkeiten abhängen. Und da muss man sich einfach auch bescheiden können. Denn selbst der kleinste Auslauf ist immer noch besser als eine Box.

Die Form des Auslaufs ist eigentlich wesentlich entscheidender als seine Größe. Ein quadratischer Auslauf ist bei gleicher Quadratmeteranzahl deutlich kleiner und bietet weniger Bewegungsmöglichkeit als einer in der Form eines lang gestreckten Rechtecks. Besonders vorteilhaft sind unregelmäßige Formen mit Nischen und Ausbuchtungen. Und das idealste ist der Auslauf mit unbe-

Das Vormittagsschläfchen in einer Gruppe von Freunden findet fast bei jeder Witterung im Freien statt.

grenzter Bewegungsmöglichkeit. Dieser entsteht, unabhängig von der Grundfläche, dann, wenn der Unterstand in die Koppel hineingestellt ist und die Pferde daher rings um diesen herumlaufen können - so lange sie wollen.

Wie viel Bewegung braucht ein Pferd?

Damit sind wir bei einer wirklich wichtigen Frage angelangt. Es besteht nämlich gemeinhin eine völlig falsche Vorstellung darüber. Weil das Pferd als Bewegungstier bezeichnet wird, nimmt man an, dass es ständig in schnellstem Galopp in Bewegung ist. Das ist ein gewaltiger Irrtum. Üblicherweise bewegen sich Pferde nur im Schritt weiter. Egal ob sie frei leben oder in einem umfriedeten Raum. Egal ob es sich um Haflinger, Isländer, Araber oder englisches Vollblut handelt. Wir haben darüber schon im Kapitel „Bewegung" gesprochen. Wenn sie sich den ganzen Tag jederzeit bewegen können, ist damit ihr Bewegungsbedürfnis absolut gestillt. Nur hie und da gibt es ein paar übermütige Galoppsprünge. Auch wenn ein einzelnes Pferd sich von den anderen zu weit entfernt hat, kehrt es gern im Galopp zu ihnen zurück. Aber dazu bedarf es keiner Koppelausmaße von hundert und mehr Metern Länge.

DIE GESTALTUNG

Zweckmäßig aber ist es, wenn die Koppel den Pferden die Möglichkeit bietet, sich auch einmal zurückzuziehen, Zuflucht vor der Verfolgung eines anderen Herdenmitglieds zu finden oder in Ruhe vor sich hinzudösen. Dies kann am besten durch optische Unterteilungen wie Bäume, Büsche oder die Anordnung der Gebäude geschehen.

Während der Stall oder Unterstand innen völlig leer sein soll, ist eine absolut kahle, viereckige Koppel eine traurige Angelegenheit. Man sollte darum alles unternehmen, hier ein bisschen Landschaft hinzuzaubern.

Wer sich je ein wenig mit Feng Shui beschäftigt hat, wird wissen, dass Rechtecke und Quadrate als Form negativ auf das Befinden wirken. So wird man also nicht, wie dies allgemein der Brauch ist, einfach ein Quadrat oder Rechteck umzäunen, sondern schon den Umriss bewegt gestalten, der Landschaft möglichst anpassen und vorhandene Unebenheiten und Geländeunregelmäßigkeiten mit einbeziehen. Selbst bei kleinsten Ausläufen sollte dies möglich sein.

Kahle Koppeln sind ein schrecklicher Anblick. Nicht nur das menschliche Auge empfindet sie als öde, auch Pferde fühlen sich hier nicht besonders wohl. Darum wird

Kahle Koppeln ohne Bäume und Sträucher sind eine traurige Angelegenheit und nicht als ständiger Aufenthaltsort geeignet.

man versuchen, etwas Leben hineinzubringen, und wenn es schon gar nicht anders geht, wird man wenigstens einen Baum oder ein Gebüsch hineinpflanzen.

Leider knabbern und fressen Pferde an allem, was nur im Entferntesten dazu geeignet ist. Darum führen Bäume und Sträucher in einer Koppel ein sehr bedrohtes Dasein. Die Stämme dienen nicht nur als Scheuergelegenheit, eine wunderbare Möglichkeit überschüssiges Winterfell loszuwerden, sondern werden leider auch mit Begeisterung abgeknabbert. Und das bekommt den Bäumen auf die Dauer nicht. Auch alle erreichbaren Zweige werden verspeist und Büsche auf wenige Überreste reduziert. Wer aus einem Buschwerk ein kahles Stück Erde machen will, kann sich jedwede Rodungsarbeiten ersparen, wenn er eine Pferdeherde auf dieses Gelände lässt.

Sollen Bäume und Büsche in der Koppel doch überleben, müssen sie vor dem Zubiss der Pferde geschützt werden. Wenn man die Baumstämme mit Zaungitter umwickelt, ist ihr Überleben meist gesichert. Büsche muss man in entsprechendem Abstand mit einem Zaun umgeben, denn Pferdehälse sind viel länger als man glaubt. Manchmal meint man, man besitze eine Herde von Giraffen.

Ein in die Koppel weit hineinragender Baum bietet den Pferden nicht nur Schatten, sondern ist auch sonst ein beliebter Treffpunkt. Dieser Baum hat seinen Stamm außerhalb der Koppel, und das sichert sein Überleben.

So ergeht es den meisten Bäumen in einer mit Pferden besetzten Koppel. Ihr Schicksal ist besiegelt, wenn man sie nicht vor dem Zubiss der Tiere schützt.

Leider gibt es nur ganz wenige Bäume und Sträucher, die Pferden nicht schmecken, die andererseits aber auch ungefährlich sind, falls eines doch daran knabbert.

Welche Sträucher werden von Pferden gemieden?

Hollerbüsche (Holunder), Weißdorn und Schlehen zum Beispiel sind für Pferde uninteressant, denn sie haben einen unangenehmen Geruch oder Geschmack und werden deshalb in Ruhe gelassen. Sollten Pferde doch einmal daran knabbern, sind manche Sträucher zwar leicht giftig, aber nicht lebensbedrohend. Zumeist schaden sie überhaupt nicht. Hollerbüsche eigenen sich ganz besonders für Pferdekoppeln. Sie sind robust und wachsen fast überall. Was aber ihr ganz besonderer Vorteil ist: Sie werden von Insekten gemieden. Darum halten sich Pferde sommers ganz besonders gern im Nahbereich der Holunderbüsche auf.

Welche Sträucher sind sehr giftig und sollten deshalb keinesfalls auf Koppeln verwendet werden?

Eiben gehören zu den für Pferde giftigsten Gewächsen. Schon 50 Gramm Nadeln sind eine tödliche Dosis! Auch Buchsbaum, Goldregen (Zweige, aber auch die Schotenfrüchte ganz besonders), Thujen, Akazien und Robinien sind von ihrem Giftgehalt her mehr als bedenklich und sollten keinesfalls im unmittelbaren Pferdebereich vorkommen.

Obstbäume in der Koppel?

Obstbäume in der Koppel sind eine Wonne für die Pferde. Fallobst ist sehr begehrt. Jedoch bedienen sie sich auch gern selbst von den unteren Ästen.

Können Pferde dabei Schaden nehmen? Dass Pferde von Falläpfeln oder Birnen Koliken oder Durchfall bekommen, ist eher die Ausnahme. Wenn ein einzelnes Pferd mit einer großen Menge Fallobst konfrontiert wird, ist das nicht immer günstig. In der Regel sind aber genügend Pferde vorhanden, so dass sich das Fallgut auf mehrere verteilt. Ist aber von einem oder mehreren Pferden bekannt, dass sie Fallobst nicht vertragen, müsste dieses aufgesammelt oder der Obstbaum abgezäunt werden.

Steinobst, vor allem Zwetschen und Kirschen, wird gern gefressen, wobei die meisten Pferde sogar die Kerne wieder ausspucken. Doch auch wenn sie bei kleinen Mengen die Kerne mitschlucken, passiert nur in Ausnahmefällen etwas. Üblicherweise erscheinen die Kerne, gut in Rossäpfel eingehüllt, am anderen Ende wieder.

Das Laub der Obstbäume schmeckt ähnlich wie das Obst selbst und ist daher bei Pferden sehr begehrt. Auch im Herbst wird das abgefallene Laub gern gefressen. Das Aufklauben der einzelnen Blätter ist mitunter recht mühsam und darum eine gute Beschäftigungstherapie für gelangweilte Pferde.

Nusslaub nehmen Pferde vor allem zu Insektenzeiten gern auf. Das Laub von Rosskastanien wird von trächtigen Stuten bevorzugt.

Bäume sind ganz allgemein ein besonders wichtiger Bestandteil der Koppel. Wenn auch ein geräumiger Unterstand vorhanden ist, stehen doch viele Pferde gern an heißen Tagen im Baumschatten oder suchen dort auch Schutz vor kurzen Regengüssen.

Gewässer in der Koppel?

Ein Bächlein, das die Koppel durchquert, ist ein Glücksfall. Es gestaltet nicht nur die Landschaft, sondern trägt auch dazu bei, Pferde an das Durchqueren von Gewässern zu gewöhnen.

Im Sommer, wenn es ganz extrem trocken ist, leiden darunter auch die Hufe, weil das Hufhorn und die Hufsohle keinerlei Feuchtigkeit mehr abbekommen und spröde werden. Ein Bach in der Koppel, den Pferde zu durchqueren genötigt sind, kann die Hufe regelmäßig mit der so wichtigen Feuchtigkeit versorgen.

Leider sind nicht alle Gewässer auch ganz einwandfrei. Man sollte sie daher nicht unbedingt als Trinkwasserquelle betrachten. Wenn die Pferde an Tränken einwandfreies Wasser zur Verfügung haben, meiden sie ohnedies jenes von verschmutzten Gewässern. Wenn es allerdings keine Alternative gibt, sind sie gezwungen, sich von einem möglicherweise nicht ganz einwandfreien Gewässer zu bedienen.

Ein Bächlein oder Bach bietet auch die Möglichkeit, eine Holzbrücke darüber zu legen. So gewöhnen sich die Pferde an das dröhnende Geräusch des Holzbodens. Eine sehr vorteilhafte Sache, wenn man zum Beispiel an Schwierigkeiten beim Verladen denkt, wo Pferde beim ersten Mal Angst vor der unter ihren Schritten dröhnenden Einsteigtreppe haben können.

Weniger glücklich wird allerdings der Bach über die Pferdegesellschaft sein, die seinem Uferbereich stark zusetzt. Gelegentliche Reparaturarbeiten sind da vonnöten, damit der Bereich nicht restlos versumpft. Gibt es zufällig einen Teich in der Koppel, müssten die Ufer so stark abgeschrägt sein, dass die Pferde hinein- und auch wieder hinausgehen können. Schwimmbecken in der Koppel hingegen sind gefährlich, weil im Getümmel einer Herde auch das vorsichtigste Pferd ins Bassin fallen, aber ohne fremde Hilfe nicht mehr herausgelangen kann. Den Bach, ja selbst einen Fluss als Koppelgrenze zu betrachten, die eine weitere Einzäunung in diesem Teil nicht erforderlich macht, hat schon öfter dazu geführt, dass ein Pferdehal-

Eine reizvolle und abwechslungsreiche Landschaft schafft Atmosphäre. Ein natürlicher Wasserlauf bietet viele Möglichkeiten und die Schotterinsel in der Mitte wäre nach Feng Shui ein besonders günstiger Aufenthaltsort.

ter seine Tiere in der näheren oder weiteren Umgebung zusammenfangen musste. Eine Flussdurchquerung ist für ein Pferd keine so nennenswerte Angelegenheit.

Kann man durch Unterteilungen den Pferden mehr Bewegungsraum bieten?
Eine etwas absurde Idee macht in letzter Zeit in bei manchen Offenstallbefürwortern Furore: Sie unterteilen ihre Koppel mittels Elektrobändern und schaffen so innerhalb der Koppel Serpentinenwege, um den Pferden „mehr Bewegungsmöglichkeit" zu bieten. Diese Koppeln sehen auf den ersten Blick wie ein Elektrozaun-Irrgarten aus, und das sind sie auch.

Was hier in oft bester Absicht geschieht, bringt dem Pferd aber leider nicht die gedachte Erweiterung eines Bewegungsraumes, sondern im Gegenteil dessen Beschränkung. Das Pferd kann sich nicht mehr frei bewegen, wie sonst in einem Auslauf, sondern wird in eine bestimmte Richtung gezwungen. Für frohe Spiele mit Herdengenossen bleibt gar kein Platz, weil da ja der Elektrozaun den Raum zumindest in seiner Breite gewaltig einschränkt und zumeist nur mehr ein Hintereinanderhergehen möglich macht. Pferde, die wir in solchem „Labyrinth“ beobachten konnten, wanderten nicht - wie erhofft - fleißig umher, sondern standen verwirrt und verunsichert irgendwo herum.

Die freie Bewegung nach allen Seiten, nicht nur vorwärts, ist auch ein ganz entscheidender Faktor im Bewegungsbedürfnis der Pferde. Denn gerade Einschränkung verursacht Verspannungen und ebendiese sollte die Haltung im Offenstall ja verhindern.

Wie eben müssen Koppeln sein?

Oftmals kann man sich den Platz für die Anlage des Koppelauslaufs nicht aussuchen, sondern muss nehmen, was zur Verfügung steht. Durchwegs steile Koppeln sollte man jedoch vermeiden. Hier können sich Pferde nicht frei und ungehemmt bewegen. Jungpferde, die auf solchen Koppel aufwachsen, bekommen im Lauf der Zeit sogar Stellungsfehler. Auch Pferde mit Gelenksproblemen oder schon vorhandenen Stellungsfehlern fühlen sich auf einer stark geschrägten Koppel nicht wohl und sollten sich dort auch nicht auf Dauer aufhalten. Zudem können sich die Pferde auf schrägen Hängen nicht gemütlich niederlegen, haben Schwierigkeiten sich zu wälzen und nachher wieder aufzustehen, auch ein fröhlicher Galopp ist manchmal gar nicht möglich..

Ein größerer Teil der Koppel muss also unbedingt flach sein. Wobei flach nicht mit „bretteben“ verwechselt werden darf. In bester Absicht werden Pferdekoppeln oft mit dem Bagger komplett eingeebnet. Das ist falsch! Pferde, die sich ständig nur auf ebenem Boden bewegen, verlernen es, beim Gehen darauf zu achten, wohin sie treten. Ideal sind Koppeln mit diversen Bodenunebenheiten wie Mulden oder Gräben und hügelartigen Erhebungen.

DER BODEN

Wie immer, wenn zu viel herumgedacht und erfunden wird, gibt es Auswüchse. So hat man, seitdem der Offenstall ins Gespräch gekommen ist, auch immer neue Ideen eingebracht und so schließlich die neugewonnene Freiheit der Pferde wieder denaturiert. Die Plastiktüren vor dem Eingang des Unterstandes sind so ein peinliches Ergebnis. Ein weiteres sind die künstlichen Koppelböden. Da werden für den Auslauf des Offenstalls Beläge mit Sand, Rindenschnitzeln, Sägespänen, vielleicht sogar Kabelabfällen und ähnlichem propagiert, ja selbst Rasen-Betonsteine, wie sie für Garageneinfahrten zweckmäßigerweise verwendet werden, verlegt man in einer „natürlichen“ Pferdehaltung. Nicht selten werden die Böden auch dräniert. Üblich ist mancherorts noch immer eine Vliesunterlage unter dem Sand, obwohl die Erfahrung längst gezeigt hat, wie schnell Pferdehufe das Vlies aus dem Boden hervorarbeiten, das dann emporsteht und zu regelrechten Fallen für die dahineilenden Pferde wird.

Sauberkeit als oberstes Gebot?

Die Absicht ist offensichtlich: Sauberkeit gilt als oberstes Gebot. Das wird uns ja auch ständig von der Werbung versichert: Eine fast sterile Umwelt zeichnet die gute Hausfrau aus, wenn man den Werbespots glauben darf. Und so will der Mensch selbst sich nicht schmutzig machen, und er möchte auch seine Pferde in dem, was er einen „gepflegten“ Zustand nennt, erhalten. Der unnatürliche Bodenbelag kommt diesem Wunsch des Menschen entgegen. Die Pferde haben da gar keine Gelegenheit, sich in Matsch oder Erde zu wälzen. Ihr Fell bleibt sauber, das Langhaar bleibt sauber, ja selbst die Hufe sind stets blitzsauber.

Vergessen Sie diese dekorativen Auslaufböden, die Sie in manchen Artikeln und Reportagen gesehen haben! Sie sind zwar attraktiv, vor allem fotogen, aber unbrauchbar für eine gesunde Pferdehaltung. Sie können nämlich die wichtigsten Funktionen des Auslaufes nicht erfüllen.

Welches sind die wichtigsten Funktionen des Auslaufs?

Der Auslauf soll den Pferden eine angemessene Bewegung ermöglichen, und das zu jeder Jahreszeit und bei jedem Wetter. Der Auslauf ist keine Weide, sondern das, was man früher gern als eine Trampelkoppel bezeichnete. Gras hat in einem Auslauf nichts verloren.

Der Auslaufboden muss den Pferdehufen die Möglichkeit bieten, sich an alle Bodenarten zu gewöhnen, nicht nur an einen gleichmäßigen, ebenen, weichen. Sie wären sonst einem Ritt über abwechslungsreiches, teils steiniges, teils tiefes, teils rutschiges Gelände nicht gewachsen. Die Sehnen des Pferdes könnten auf rutschigem Boden den enormen Belastungen nicht standhalten, ebenso wenig kämen sie auf tiefgründigem Boden zurecht.

Die Koppel ist für die Pferde ein Wohnraum und der Naturboden ein angenehmer Untergrund. Wenn das Wetter, der Boden und die Fliegenplage es zulassen, schlafen Pferde auch lieber im Freien als im Unterstand oder Stall. Dieses Jungpferd zeigt deutlich, wie wohl es sich auf dem Naturboden fühlt.

Um an jeden möglichen Bodenzustand gewöhnt zu sein, brauchen sie an ihrem Aufenthaltsort also möglichst abwechslungsreichen Boden. Diesen Anforderungen kann künstlicher Boden nie entsprechen, denn er bietet nur einen einzigen Zustand an. Diesen Forderungen wird nur der Naturboden gerecht. Genau gesagt, die blanke Erde, auch wenn Sie das zunächst nicht glauben möchten!

Diese Meinung, die nach den heute so begeistert angepriesenen Belagvariationen fast revolutionär anmutet, ist allerdings absolut nicht neu. Gute Pferde zog man schon immer auf dem guten Naturboden. Auch bei Peter F. Cronau kann man in seinem Buch „Pferdesport - wohin?“ lesen:

„... Gewachsener Boden ist immer noch der ideale Boden. Künstliche Böden in Massenaufzuchtanstalten oder Hallenböden zum Freilaufen sind völlig ungeeignet zur Ausbildung der unteren Gliedmaßenabschnitte.“

Was macht den Naturboden so unschlagbar?

Der Naturboden ist nicht nur einfach ein Boden - er ist viele Böden. Seine Variationsbreite ist unvorstellbar groß. Er wechselt seine Beschaffenheit nicht nur mit den Jahreszeiten oder dem Wetter, sondern fast ununterbrochen. Beginnen wir mit der warmen, trockenen Zeit im Sommer, wo der Boden, der natürliche Erdboden, am ehesten dem gleicht, was viele Pferdebesitzer für den idealen Auslaufboden halten: er ist glatt, nicht übermäßig hart, zumeist sogar elastisch und absolut trocken. Der ideale Untergrund zur Fortbewegung - für Menschen.

Die Pferde mögen das zwar auch, doch haben sie schon mit einigen Nachteilen fertig zu werden:

- *Der Boden staubt während längerer Trockenperioden,*
- *die Hufe bekommen die so dringend benötigte Feuchtigkeit nicht,*
- *der Boden ist in der ganzen Koppel völlig glatt und daher ziemlich langweilig.*

Zum Glück bleibt das aber nicht ewig so. Schon beim ersten stärkeren Gewitter heißt es für den Menschen Abschied nehmen vom trockenen Auslaufboden, Gummistiefel sind angesagt.

Schluss ist es mit dem flachen, trockenen Boden. Das Pferd braucht, im Unterschied zum Menschen, keine Gummistiefel. Die Hufe bekommen bereits die nach der Trockenperiode so dringend benötigte Feuchtigkeit.

Der Weg zur Tränke führt durch extrem tiefen Boden. Die Pferde sinken fast bis zum Karpalgelenk ein. Die alte Leitstute achtet genau darauf, wohin sie ihre Füße setzt. Der Weg ist mühsam, aber Sehnen und Muskeln werden gekräftigt.

Endlich Regen - was ist daran so schön?
Die Pferde müssen sich zunächst mit einer glitschigen Oberfläche auseinander setzen, auf der sie nicht mehr bedenkenlos herumlaufen können, sondern gewisse Vorsicht bei der Fortbewegung walten lassen müssen, um nicht gegen Stallwände oder Bäume zu schlittern oder gar mit dem Elektrozaun Bekanntschaft zu machen.

Sie drosseln ihr Tempo, setzen ihre Hufe vorsichtiger und fester auf. Sie nützen die Kanten ihrer hoffentlich unbeschlagenen Hufe zum Abbremsen. Ein ideales Übungsgelände also für Trittsicherheit und Anpassung.

Es regnet weiter. Der Boden wird tiefer. Jetzt ist er zwar weniger rutschig, jedoch ist nun die Kraft von Sehnen und Muskeln gefragt, um die Hufe wieder aus dem sie oft mit beträchtlicher Saugkraft fest haltenden tiefen Boden zu ziehen. Das stärkt Sehnen und Muskeln.

Der die Beine umhüllende Schlamm wirkt wie ein Moorbad durchblutungsfördernd und kräftigend. Ein Gratis-Kuraufenthalt also.

Dieser tiefe Boden bietet auch Gelegenheit, mittels Wälzorgien dem ganzen Körper diese Wohltat zukommen zu lassen. Der Mensch, der mit diesen frisch moorgebadeten Tieren in zu engen Kontakt gerät, hält zwar nicht viel davon, wenn seine Kleidung dann aussieht, als hätte er sich selbst gewälzt, aber wer sein Pferd liebt, sollte das ohne Murren hinnehmen.

Schadet Feuchtigkeit den Pferden?
Oftmals begegnet man der Ansicht, dass der Aufenthalt im tiefen und sehr nassen Boden den Pferden schaden könnte. Hat sich schon jemand über die Camarguepferde Gedanken gemacht, die sich über lange Perioden des Tages und zu jeder Jahreszeit direkt im Wasser aufhalten?
Pferdehufe nehmen die Feuchtigkeit gierig auf, der Morast bekommt sowohl der äußeren Hufwand wie auch der Sohle.

Da eine Koppel ja auch feste und trockene Bereiche enthält (enthalten muss!), zwingt niemand ein Pferd, sich ständig auf feuchtem Boden oder gar im Morast aufzuhalten, wenn es nicht will. Es kann sich jederzeit auf die trockeneren Bereiche zurückziehen oder gar in den Unterstand gehen. Es kann als Offenstallpferd eben seinen Aufenthaltsort nach Belieben wählen.

Ein beliebter Aufenthaltsort, Schlaf- und Dösplatz ist der Betonstreifen an der Stallwand.

Wer auf Pferde trifft, die ihre Wege durch den ihnen fast bis zum Karpalgelenk reichenden Matsch ziehen, sollte diese also nicht bemitleiden, sondern zugeben, dass die Pferde eben andere Vorstellungen von dem haben, was angenehm, gesund und lustig ist.

Wenn so genannte Tierfreunde behaupten, bei feuchtem Boden müssten die Pferde unbedingt in einen sicheren Stall gebracht werden, unterliegen sie einem gewaltigen Irrtum. Allerdings ist es oftmals schwer, sie davon zu überzeugen, dass Pferde sich unter anderen Umständen wohl fühlen als der Mensch. Offenstallbesitzer, die ihre Pferde wirklich natürlich halten, müssen beizeiten lernen, diesen Argumentationen wohlmeinender Mitmenschen mit den entsprechenden Informationen entgegenzutreten.

Wie schafft man trockene Inseln?

Jedoch, und das ist ein ganz entscheidender Punkt: Den Pferden muss auch bei extremstem Schlechtwetter immer ein Bereich zur Verfügung stehen, auf dem sie fest und trocken stehen können. Dies ist in erster Linie der Unterstand, aber darüber hinaus benötigen sie auch im Freien feste Plätze. Manchmal sind diese von Natur aus vorhan-

Pferdegruppen bewegen sich üblicherweise im Gänsemarsch weiter. Diese Gruppe kehrt soeben von der Tränke zurück, schön artig eines hinter dem andern.

den. Wenn nicht, muss man sie schaffen: Man kann schwache Erhebungen mit schottrigem Material anschütten, so dass dort kein Nässestau entstehen kann, oder einen Bereich auskoffern und mit Sand und Schotter auffüllen.

Am idealsten und auch am einfachsten und haltbarsten herzustellen sind jedoch Betonbereiche. So wird man unbedingt vor dem Ausgang des Unterstandes eine Betonfläche anlegen, weil an dieser besonders stark benützten Stelle der Naturboden bei Regenwetter sehr schnell zu tiefem Morast entartet.

Als besonders vorteilhaft hat es sich erwiesen, gleich rund um den Unterstand einen Betonweg anzulegen, der für Pferde und Menschen gleich nützlich ist. Mindestbreite ein Meter, damit Pferde oder auch Pferd und Mensch aneinander vorbeikommen, ohne dass einer in den Morast treten muss. Bei tiefem Boden stehen Pferde zeitweise gern wie aufgefädelt auf diesem Betongrund. Selbst wenn sie mit ihren Hufen Kot auf den Beton bringen, bleibt doch der feste Untergrund immer vorhanden. Springt gar das Dach des Unterstandes weit genug vor, schlafen sie sogar bei Regenwetter gern auf diesem Weg im Freien.

Der Platz beim Ausgang wird vorteilhafterweise breiter angelegt, damit die Pferde beim Hinausstreben nicht in den Morast treten müssen, wenn sie nicht wollen.

Es macht aber keinen Sinn, wenn man einen kleinen speziellen „Schlechtwetterauslauf" schafft, auf welchen die Pferde immer dann gehen, wenn sonst der Boden tief, rutschig oder hart gefroren ist. Dann würden sie genauso wenig trittsicher werden wie Pferde auf künstlichen Koppelböden. Die Pferde müssen vielmehr gezwungen sein, sich mit jedem Bodenzustand auseinander zu setzen, denn sie müssen ihre trockenen Inseln verlassen, um zur Tränke zu gehen oder ans Futter zu kommen.

Pferde legen im feuchten Boden Trampelpfade an: Ein ganzes Wegenetz wird in der nassen Koppel sichbar, das dem Menschen genau anzeigt, wie und wo sich Pferde bevorzugt bewegen.

Was sollen diese Spuren in der Koppel?
Interessantes offenbart sich, wenn der Boden tief geworden ist: es entstehen Trampelpfade. Etwas, das man bei trockenem Auslauf niemals wahrnehmen kann: Pferde pflegen nämlich im Gänsemarsch zu gehen. Immer einer hinter dem anderen. Und diese Spuren manifestieren sich im tiefen Boden. Dabei entsteht noch ein gewisser Vorteil. Auf diesem Trampelpfad wird der Boden nach und nach festgetreten und ist daher besser begehbar.

Die Trampelpfade, die etwa Richtung Tränke führen, dann von dieser zu einem Lieblingsplatz, zum Mistplatz oder einem anderen wichtigen Ort, haben gewisse Schnittstellen. Und diese Schnittstellen haben ihre besondere Bedeutung. Wo sich in der freien Natur solche Pfade kreuzen, werden sie als „Nachrichtenplätze" genützt. Die Herde, die dort vorüberkommt, hinterlässt einen Haufen von Rossäpfeln, die anderen vorbei kommenden Herden mitteilt, wer hier gewesen ist und zu welcher Zeit, und in welchem Gemütszustand sie sich befunden hat.

Wichtige Nachrichten und Informationen werden durch Rossäpfel übermittelt. Die hier vorbeigekommene Herde war sichtlich in Eile, weil die Knödel in einer lang gestreckten Reihe auf dem Weg liegen.

Unsere Pferde, die eben nicht so domestiziert sind, wie man uns gern glauben machen möchte, sondern in den meisten Belangen noch so reagieren wie zu Wildlebenszeiten, hinterlegen gleichfalls ihre Misthaufen an solchen Kreuzungspunkten, auch wenn es auf der Koppel nur eine einzige Herde gibt und die Koppel nur sehr klein und leicht überschaubar ist.

Auf dem treppenartigen Pfad trainieren die Pferde Sehnen, Muskeln und Trittsicherheit besser als über Cavalettireihen.

Die Informationen, die hier weitergegeben werden, sind vielschichtig und teilweise auch vom Menschen zu interpretieren. Ein schön gegupfter Haufen von Rossknödeln zeigt an, dass die hier vorbeigekommene Herde sich sicher fühlte und Zeit zum Verweilen fand. Eine langgstreckte Spur verkündet, dass die Gruppe in Eile war. Je weiter die Knödel voneinander entfernt sind, desto größer war die Eile.

Die Form der Knödel gibt den Grad der Aufregung an. Feste, wohlgeformte Rossäpfel sprechen für einen ruhigen Gemütszustand. Es droht offensichtlich keinerlei Gefahr. Weicher, kaum geformter Mist lässt hingegen auf Aufregung schließen. Die Aufregung ist umso größer, je mehr sich der Mist der flüssigen Form nähert.

Auch der Geruch ist entscheidend. Darum unterziehen Pferde den Mist anderer stets auch einer olfaktorischen Prüfung. Den intensiven Mistgeruch von aufgeregten Pferden kann sogar der Mensch wahrnehmen. Mehr Details erfahren jedoch die vorbeikommenden Pferde, die auch erkennen, ob es eine vertraute Gruppe oder gar die eigene Herde war, ob es sich um den Mist eines Hengstes oder einer Stute handelt und ob diese Stute vielleicht rossig oder trächtig war.

Der Informationswert eines solchen Rossäpfelhäufchens kann etwa mit dem Wert verglichen werden, den für uns eine Tageszeitung besitzt. Es ist mehr als nur der Klatsch „von nebenan“.

Wenn der Regen aufhört, sind diese Wege auch die ersten Stellen, die trocken werden. Während der übrige Bereich der Koppel noch tiefen Boden aufweist, sinkt man auf den getretenen Wegen nicht mehr ein.

Was aber bedeuten diese Berg- und Talbahnen?

Pferde folgen aber nicht nur einer hinter dem anderen auf demselben schmalen Pfad, sie setzen ihre Hufe auch ziemlich genau alle an dieselben Stellen. Und dadurch entsteht Faszinierendes: Dort, wo die Hufe hingesetzt werden, wird der Boden immer mehr eingedrückt, während die dazwischenliegenden Teile fast ihre ursprüngliche Höhe behalten, ja durch den Druck auf das dazwischenliegende Erdreich noch höher aufgeschichtet werden. Und was nun im Laufe weniger Tage entsteht, sieht aus wie ein Treppenweg oder wie ein Waschbrett. Kein Pferd tritt beim Benützen dieser Wege auf den emporragenden Teil, sondern alle nützen die Vertiefungen, wobei kleinere Pferde manchmal auch einen Zwischenschritt einlegen müssen. Vor allem aber müssen alle ihre Beine zeitweise schon gewaltig hochheben, um über die emporragenden Teile zu steigen, ohne diese zu berühren. Und das ist ein ganz hervorragendes Training für Trittsicherheit, Koordination zwischen Augen und Beinen und Muskelarbeit, zu dem man sonst eine ganze Anzahl von Cavaletti und viel eigene Zeit benötigt.

Endlich wieder trocken?

Und wieder bekommt die Erde der Koppel ein neues Gesicht. Die Erde trocknet nicht zu einer flachen Ebene, sondern es gibt plötzlich kleinere und größere Vertiefungen, grobe Schollen, kleine Hügel.

Die während der Trockenperiode so flache, eher langweilige Oberfläche hat sich gründlich verändert. Sie gleicht stellenweise einer Mondlandschaft. Und so kann weiterhin Trittsicherheit trainiert werden. Man darf sich weder beim Tritt in ein Loch eine Sehne verletzen noch über hartgewordene Schollen oder bisher nicht da gewesene Hügel stolpern. Genau schauen und die Hufe vorsichtig setzen ist jetzt sehr wichtig. Wieder ist die Koppel ein idealer Trainingsplatz.

Der absolute Härtetest?

Schwieriger kann es kaum mehr kommen, meinen Sie? Das möchte ich nicht behaupten.

Auf eine sehr nasse Periode folgt nicht immer eine trockene. Im Spätherbst oder Winter kann auch ganz brutal der Frost zuschlagen. Plötzlich sind Täler und Grate, Huflöcher und alte Unebenheiten steinhart gefroren. Eine harte Prüfung für die Hufe, die nun leicht abbrechen. Aber keine Angst! Nur das überschüssige Horn, das sonst der Schmied wegnehmen muss, bricht weg. Es ist die natürlichste Form der Hufpflege. Zwar schaut das anfangs nicht besonders schön aus, weil ja nicht alles gleichmäßig rundum wegbricht, sondern nur nach und nach. Nach einer Weile aber sehen die Hufe aus, als hätte der Schmied eben sein Werkzeug wieder zusammengepackt.

Die Fortbewegung auf diesen beinhart gefrorenen, absolut nicht mehr nachgebenden Unebenheiten erfordert nun ganz besonderes Geschick. Jeder Schritt will überlegt sein. Aber einfach im Unterstand stehen bleiben ist auch keine Lösung. Zumindest der Gang zur Tränke bleibt keinem Pferd erspart! Es muss geschickt über die Unebenheiten hinwegturnen und darauf achten, nicht in tiefe Huflöcher hineinzurutschen. Die Fortbewegung der Pferde wird langsam und bedächtig. Das schult. Das macht Pferde ebenso trittsicher wie ein monatelanger Aufenthalt im Hochgebirge.

Wer hätte wohl gedacht, dass eine einfache, meist gar nicht so große Koppel Pferde so hervorragend für alle Aufgaben in ihrem Leben zu trainieren vermag? Allerdings nur dann, wenn man sie auf natürlich gewachsenem Boden hält und bereit ist, auf eigene Bequemlichkeit zu verzichten, um dafür den

Pferden optimale Möglichkeiten zu bieten.

Auf diesem so uneben gefrorenen Boden tut sich der Mensch mit seinen großen Füßen noch wesentlich schwerer mit der Fortbewegung als die Pferde.

Keine Besserung in Aussicht?
Zum Trost für die betreuenden Menschen wird es auch wieder besser. Auf die beinharte Berg- und Talbahn, auf der sich der Mensch wirklich nur unter größten Schwierigkeiten fortbewegen kann, folgt bestimmt wieder angenehmeres „Geläuf", nämlich dann, wenn Schnee fällt, der alles gleichmäßig zudeckt und einen weichen, sauberen Teppich über die Koppel breitet. Da hat dann auch der Mensch wieder Freude an der Sache - bis zum nächsten Tauwetter.

Doch gar so harmlos, wie er aussieht, ist auch der Schnee nicht. Plötzlich versinkt ein Bein tief in einem Schneeloch, ganze Teile der Koppel lassen die Pferde bis zum Bauch in der flockigen weißen Masse versinken. Schneewechten versperren den Weg, und die Pferde müssen sich mit voller Körperkraft hindurchpflügen, um etwa zur Tränke zu gelangen. Und manche Wechten sind so hart zusammengeweht, dass die Pferde auf sie hinaufklettern können, um von oben einen guten Überblick über die Koppel zu genießen. Pferde mögen diese Situationen.

Und das ist noch immer nicht alles?
Kurze Tauwetterperioden machen den Schnee härter, gelegentlich sogar so eisig, dass man sich als Mensch darauf gar nicht

Das ganze Pferd drückt Wohlbehagen aus. Eine ausgiebige Wälzorgie ist immer ein Genuss

Auch durch Zuschauer lässt sich das Pferd nicht in seinem Genuss stören.

mehr fortbewegen kann. Die Pferde lösen dieses Problem wie ein guter Schifahrer: Sie setzen die Kanten ihrer Hufe wie Stahlkanten ein, um ihre davonrutschenden Hufe einzubremsen.

Und mit der endgültigen Schneeschmelze kommt wieder der weiche und tiefe Boden ins Spiel, rutschig, dann tief, dann wieder die Wege und schließlich kommt die „große Walze“, die den ganzen Boden wieder flach und glatt macht: Die Pferde wälzen sich häufig und ausgiebig, und so wird der Boden wieder völlig geglättet und trocken.

So besehen erleben die Pferde im Laufe des Jahres die unterschiedlichsten Bodenbeschaffenheiten und können, ohne spezielles Training und ohne ihr heimatliches Territorium zu verlassen, ihren ganzen Körper in beste Kondition bringen, jede einzelne Sehne, jeden Muskel bestens schulen und die Trittsicherheit einer Gämse erwerben. Vorausgesetzt jedoch, man hat ihnen den natürlichsten und besten Boden der Welt zur Verfügung gestellt: die heimische Erde.

Gibt es noch weitere Vorteile des Naturbodens?

Die Koppel mit wechselnder Bodenbeschaffenheit bietet den Pferden noch einen weiteren, von diesen sehr geschätzten Vorteil: Auf trockenem Boden lässt sich wunderbar ein Sandbad nehmen. Wenn es so richtig staubt, gefällt es ihnen ganz besonders. Doch ebenso sehr lieben sie den feuchten Boden, in dem zu wälzen ganz besondere Vorteile bietet. Vor allem zur Zeit des Fellwechsels ist dieser Boden sehr geschätzt, weil darin die überschüssigen Haare kleben bleiben. Manchmal sieht es nach solch einer Wälzorgie aus, als läge dort noch ein ganzes Pferd im Matsch. Und der besonders nasse Boden wird von den Pferden aufgesucht wie ein Moorbad. Gelegentlich können sie sich davon gar nicht trennen und entsteigen schließlich diesem Bad, mit Schlamm bedeckt bis über die Ohren, sehr zum Unbehagen jenes Menschen, der nachher an sie anstreift. Diese Schlammbäder sind gesund für Gelenke und Sehnen. Pferde mit Arthrosen und anderen Gelenksbeschwerden nützen diese wohl tuenden Badegelegenheiten darum ganz besonders gern.

Wie bringe ich meine Pferde dazu, nicht immer im Morast herumzustehen?

Beschwerden von ahnungslosen „Tierschützern" beschäftigen sich immer wieder damit, dass die „armen" Pferde im nassen Boden, im Schnee oder im Regen herumstehen.

Eigentlich gehen diese Beschwerden ja ins Leere, denn die Offenstallpferde haben, im Gegensatz zu Stallpferden auf der Koppel, immer die Möglichkeit, sich auf einen trockenen oder einen regengeschützten Platz zurückzuziehen. Dass sie das in vielen Fällen nicht tun, spricht dafür, dass sie sich eben unter Umständen wohl fühlen, die der Mensch seinerseits für unangenehm oder gar unzumutbar hält. Und so fragt sich so mancher Offenstallbesitzer, nachdem er mit Beschwerden dieser Art konfrontiert wurde: Wie bringe ich meine Pferde dazu, sich so zu verhalten, wie Außenstehende es von ihnen erwarten?

Ja, Offenstallbesitzer brauchen gelegentlich schon eine dicke Haut! Ein Glück nur, dass Amtstierärzte, als die in solchen Fällen zuständige Instanz, sich in diesem Punkt doch auskennen! Freuen Sie sich, dass sich Ihre Pferde wohl fühlen, und lassen sie andere einfach reden.

Kann ich durch Dränage meinen Auslauf verbessern?

Dränage als Möglichkeit, Staunässe in zu starkem Ausmaß zu vermeiden, ist ein alter Hut. Vor allem in lehmigen Gegenden, wo die Feuchtigkeit praktisch nicht versickern kann, sondern darauf wartet, bis Wind und Sonne und ein gütiges Geschick sie zum Verschwinden bringt, kann eine Dränage eines Koppelteiles hilfreich sein. Allerdings sind Dränagen erstens nicht so dauerhaft wie man hofft, und zweitens in der Herstellung ein Faktor, der die Einrichtung des Offenstalles deutlich verteuert.

Die Dränage erfordert nämlich, dass zunächste der Oberboden abgetragen wird, damit die Dränageschicht aus Schotter mit den eventuell darin auch noch verlegten Dränagerohren aufgebracht werden kann. Damit die emsigen Pferdehufe diesen Schotter nicht allzu bald wieder mit dem darüber befindlichen Erdreich oder einer künstlichen Tretschicht (Sand, Späne, Schlacke, Lava) vermischen, ist dann eine Vlieszwischenlage nötig, die aber, wie einschlägige Erfahrungen zeigen, auch in durchaus absehbarer Zeit von den Pferdehufen an die Oberfläche gebracht wird. Da all diese Arbeiten zumeist nicht in Eigenregie durchgeführt werden können und auch die Materialien dafür entsprechende Kosten verursachen, sollte man diese Art der Bodenzurichtung lieber für den Reitplatz nützen, nicht aber für den Auslauf, der auf diese Weise seine auf den vorigen Seiten erwähnte so positive Vielseitigkeit fast restlos verliert.

Unbehandelter Naturboden mit befestigten „Inseln" ist die beste aller Lösungen. Allein die Angst vor dem Dreck (aus Sicht des Menschen) und vor der möglicherweise schlechten Nachrede von unwissenden „Tierschützern" sollte uns nicht dazu veranlassen, die natürliche Offenstallhaltung durch unnatürlichen Boden wieder ad absurdum zu führen.

SICHERHEIT IN DER KOPPEL

Die Koppel ist das Wohnzimmer, und im Wohnzimmer sollte sich nichts befinden, das gefährlich werden, zu Verletzungen oder Unfällen führen kann. Die Koppel ist kein Depot für landwirtschaftliche Geräte, alte Autos und diverses Gerümpel. Alle Arbeitsgeräte sollten nach Gebrauch wieder weggeräumt werden, denn selbst eine vergessen herumliegende Mistgabel kann gefährliche Verletzungen verursachen. Auch Futtervorräte haben nichts in der Koppel verloren, selbst wenn es eine Hafertonne mit einem angeblich pferdesicheren Verschluss ist.

Gibt es Gefahrenquellen in der Koppel, die nicht beseitigt werden können wie etwa einen Brunnenschacht, so müssen diese so sicher eingezäunt werden, dass die Pferde nicht herankönnen.

Landwirtschaftliche Maschinen, alte Autos und sonstiges Gerümpel haben auf einer Pferdekoppel nichts verloren.

Weder Futter noch Arbeitsgeräte dürfen unbeaufsichtigt in der Koppel liegen bleiben.

Schon ist ein neugieriges Pferd zur Stelle und bohrt seine Nase begierig in einen Sack, der zum Glück weder Hafer noch die Sägespäne enthält, die der Aufdruck vermuten ließe, sondern bloß Grünfutter

Die unmittelbar an den Unterstand anschließende Koppel ist der wichtigste Lebensbereich der gesamten Offenstallhaltung. Deshalb kommt ihrer Gestaltung so große Bedeutung zu. Um den Pferden Abwechslung zu bieten und ihre Trittsicherheit zu fördern, aber auch aus gesundheitlichen Gründen ist der gewachsene Naturboden der einzige wirklich gute Boden„belag“ in der Offenstallkoppel.

Eine landschaftliche Gestaltung der Koppel unter Einbeziehung von Bäumen, Gebüschen und Wasserläufen ist dem Wohlbefinden förderlich.

Nasser und matschiger Boden ist für die Pferde nicht schädlich!

Damit bei durch Schlechtwetter tief gewordenem Boden die Pferde nicht gezwungen sind, immer nur im Matsch zu stehen, müssen befestigte Inseln vorhanden sein, auf die sie sich zurückziehen können, um auf festem und eher trockenem Boden stehen und liegen zu können. Dafür eignen sich breitere Betonwege rund um den Stall, der massive Bodenbelag im Unterstand, aber auch speziell mit Schotterschicht und durch etwas erhöhte Lage über dem allgemeinen Boden zur „Trockeninsel“ gestaltete Bereiche innerhalb der Koppel.

Weitere Pferde kommen herbei und bedienen sich am Futter, der Sack wird umgeworfen, der Kübel rollt davon, auch die Mistgabel beginnt zu wackeln. Wenn sie umfällt und auf dem Boden liegt, können unschöne Stichverletzungen entstehen.

Der Brunnen, der die Wasserversorgung der gesamten Anlage garantiert, ist mit einer Abzäunung umgeben, um die Pferde auf sicherem Abstand zu halten.

DIE EINZÄUNUNG

Ein ganz wichtiges Kapitel ist die korrekte Einzäunung der Anlage. In Offenstallungen, besonders in jenen, die abseits gelegen sind, bleiben Pferde viele Stunden am Tag sich selbst überlassen. Nur eine sichere Einzäunung kann dafür garantieren, dass sie sich in der Zwischenzeit nicht aufmachen, um die nähere und weitere Umgebung zu erkunden.

Doch wie schaut die absolut pferdesichere Umzäunung aus? Nun ja, ehrlich gesagt, es gibt sie gar nicht. Pferde finden immer wieder Möglichkeiten aus der Koppel auszubrechen, wenn sie dazu Lust haben. Und sie finden dazu Gelegenheiten, mit denen der Mensch gar nicht rechnet. In der Regel sind die kleineren Pferde die wesentlich gefährlicheren Ausbrecher. Vor allem Ponys werden zeitweise von einem regelrechten Wandertrieb erfasst. Und dann heißt es beim Zaun: oben drüberspringen, unten durchkriechen oder dazwischen durchklettern, notfalls auch den Zaun fachgerecht zerlegen.

Es ist im Interesse jedes Pferdebesitzers, dass seine Pferde sicher verwahrt sind, denn sie können bei einem Ausbrechen nicht nur Schaden anrichten, sondern auch selbst Schaden nehmen.

Der Koppelzaun schützt jedoch nicht nur davor, dass Pferde ausbrechen, er verleiht auch nach der anderen Richtung Schutz, nämlich gegen Eindringlinge von außen, Füchse, Hunde, vorbeikommende Kinder, Menschen, die den Pferden Leckerbissen zukommen lassen wollen, aber auch gegen Leute mit bösen Absichten.

Dieser Koppelzaun hält die Pferde nicht nur sicher in ihrem Bereich, er hält sie, durch einen vorgelagerten Elektrozaun auch in sicherer Distanz zur Holzkonstruktion und zu unerwünschten Gästen von außen.

DAS MATERIAL

Der herkömmliche Koppelzaun ist aus Rundlingen gefertigt. Das Material dafür ist in waldreichen Gegenden leicht zu beschaffen, und solche Zäune passen sich stets gut in die Landschaft ein. Nachteil: sie sind der Verwitterung ausgesetzt und müssen nach Jahren erneuert oder zumindest ausgebessert werden. Als gut haltbares Material gelten Pfosten aus Lärchenholz.

Ausgemusterte Telegraphenmasten sind massiv und auch verrottungsbeständig imprägniert. Sie dürften aber eigentlich gar nicht an Private abgegeben werden, weil sie als Sondermüll gelten. Und es ist bis heute noch nicht gewiss, ob sie, als Pfosten in den Boden eingegraben, nicht Imprägnierungsmittel an die umgebende Erde abgeben. Schwarten als Querhölzer zu verwenden, davon möchten wir dringend abraten, vor allem dann, wenn die Koppel in einer windigen Gegend liegt. Der Wind verfängt sich in den Schwarten, und schon ein durchschnittlich starker Sturm kann diese aus der Verankerung lösen und so den Pferden eine verlockende Ausgangsöffnung bieten. Runde Querhölzer hingegen leiten den Wind nach unten und oben ab und überstehen so auch höchste Windstärken. Angeboten werden in den letzten Jahren auch Zaunpfähle aus Kunststoff. Sie sind ein Recyclingprodukt. Sie sind witterungsbeständiger als Holz, sehen in weißer Farbe auch fast so attraktiv aus wie die in Amerika in Nobelge-

Ein Zaun aus Gummibändern ist so beweglich, dass Pferde leicht durchschlüpfen können.

stüten üblichen weißen Koppeleinfassungen, wirken in der Natur jedoch als Fremdkörper.

Als sehr praktisch und besonders leicht zu montieren und auch zu reparieren erweisen sich Konstruktionen aus Metallrohr. Sie sind allerdings nicht gerade billig und können eventuell auch als Fremdkörper empfunden werden.

Zäune aus Gummigurten haben sich, unserer Erfahrung nach, nicht bewährt. Diese breiten Bänder, die zum Beispiel aus alten Fließbändern geschnitten werden, sind so beweglich, dass Pferde leicht einen Durchschlupf schaffen können. Selbst wenn man sie anfangs ganz straff spannt, geben sie doch sehr bald nach. Man müsste deshalb die Pfosten sehr knapp zueinanderstellen, was natürlich die ganze Zaunkonstruktion erheblich verteuert.

Bietet der Elektrozaun absolute Sicherheit?
Der Elektrozaun ist eine gute Methode, Pferde am Verlassen der Koppel zu hindern. Allerdings sollte eine sichere Stromquelle vorhanden sein. Wird der Zaun mit Batterie betrieben, lässt die Stärke seiner Impulse mit Schwächerwerden der Batterie nach, und schließlich fällt er ganz aus. Batteriebetriebene Elektrozäune müssen ständig kontrolliert werden, sollen sie verlässlichen Schutz gewähren. Auch Äste, die vom Wind abgebrochen und über den Elektrozaun geworfen werden, ja sogar Gras oder andere Pflanzen, die vom Boden her in die Bänder

Ein korrekt montierter, gut wahrnehmbarer Elektrozaun mit breiten Bändern.

oder Seile hineinwachsen, bilden eine Strombrücke und entladen die Batterie. Wo ein Stromanschluss vorhanden ist, sollte man also den Elektrozaun besser und sicherer über das Stromnetz betreiben.

Es gibt Elektrozaunbänder in unterschiedlichster Breite vom dünnen Draht bis zum vier oder mehr Zentimeter breiten Band. Vorsicht ist bei der Auswahl der Bänder geboten. In manchen bricht der leitende Draht, der ja aus hauchdünnen Litzen besteht, allein schon durch die Bewegung im Wind. Solche Zaunbänder verlieren ihre Funktion oft schon innerhalb eines Jahres. Am besten bewähren sich bei uns Weidezaunseile aus Kunststoff mit einem Durchmesser von sechs bis acht mm. Der Elektrozaun als alleinige Einzäunung ist nicht ausreichend, denn er kann von nervösen,

Die Pferde respektieren den Elektrozaun - solange sie sich sicher fühlen. Wenn sie jedoch in Panik geraten, ist der Elektrozaun ein durchaus überwindbares Hindernis. Dieser Zaun befindet sich innerhalb eines großen Areals und dient der Koppelabtrennung.

lebhaften oder in Panik geratenen Pferden sehr leicht durchbrochen werden. Etliche so entstandene Unglücksfälle haben zum Beispiel in Österreich zu den oberstgerichtlichen Entscheidungen geführt, dass er nicht als ausreichende Einzäunung gelten kann. Breitband-Elektrozäune sind für Pferde besser wahrnehmbar und wirken massiver. Ganz hervorragend eignen sich Elektrozäune, wenn man innerhalb eines umzäunten Grundstücks Teile abtrennen möchte. Zäune aus Maschendraht, wie sie für Schafherden Verwendung finden, können von Pferden nicht nur leicht durchgedrückt werden; es besteht auch die große Gefahr, dass sie sich mit den Hufen in den Drahtmaschen verfangen.

Massiv und sehr brauchbar sind stabile Zaungitter, wie sie als Garteneinzäunung verwendet werden. Sie kommen jedoch sehr teuer. Aber vielleicht können Sie bei einem Abbruch solche Zaunteile günstig erwerben. In manchen Gegenden sind sie jedoch als Fremdkörper in der Natur nicht gern gesehen oder sogar verboten.

Koppelumzäunungen aus Draht, Maschendraht oder gar aus Stacheldraht, wie sie bei Kuhweiden häufig üblich sind, müssen unbedingt abgelehnt werden. Nicht nur Stacheldraht, auch gewöhnlicher Draht führt bei Tieren oft zu schwersten Verletzungen und gewährt andererseits gar nicht die geforderte Ausbruchssicherheit.

DIE ZAUNKONSTRUKTION

Pferde sind Fluchttiere, die bei echter oder vermeintlicher Gefahr in Panik fliehen, oftmals ohne Rücksicht auf etwa vorhandene Hindernisse. Ein nicht entsprechend stabil gebauter Zaun wird deshalb im einem solchen Fall nicht als Hindernis angesehen werden. Nur ein massiver Zaun, der deutlich sichtbar als Grenze wirkt, kann seinen Zweck erfüllen.

Ein Koppelzaun, soll er wirklich seine Aufgabe erfüllen, muss deshalb sowohl optisch als auch von der tatsächlichen Stabilität her massiv sein. Je dichter er aussieht, desto eher wird er seinen Zweck erreichen. Ein Holzzaun, dessen Querstangen in fünf Reihen übereinander angebracht sind, wird mehr Sicherheit bieten als einer mit nur zwei Querstangen. Absolut unzureichend sind jene dekorativen, aus Filmen bekannten Zäune, die überhaupt nur eine einzige Querstange am oberen Ende aufweisen. Sie fordern abenteuerlustige Pferde geradezu auf, je nach Belieben die Koppel zu verlassen.

Wann ist ein Koppelzaun wirklich stabil?
Pferde nützen Koppelzäune leider recht gern, um sich daran zu scheuern. Nur ein wirklich massiver Zaun wird dieser Zumutung gewachsen sein. Die Beanspruchung, welcher der Zaun standhalten muss, wird gemeinhin unterschätzt. Und erst durch negative Erfahrungen lernt man allmählich, was wirklich pferdesicher ist. Auch wir mussten einige Male Lehrgeld zahlen, ehe wir einen wirklich pferdesicheren Zaun unser Eigen nennen konnten.

Die Stabilität eines Koppelzaunes steht und fällt mit den Pfosten, die den Zaun in der Erde verankern. Sind diese nicht fest genug, nützt auch eine große Anzahl von Querstangen nichts. Die Pfosten müssen den entsprechenden Durchmesser aufweisen, wobei 15 Zentimeter als Minimum gelten. Bahnschwellen oder Telegraphenmasten haben die entsprechende Festigkeit und sind bereits imprägniert, so dass sie nicht verfau-

Ein bereits seit 15 Jahren bewährter dreireihiger Zaun aus Lärchenhölzern von passender Höhe, mit länger geschnittenen Querstangen, die über die Pfosten hinausragen und so dem Zaun zusätzliche Stabilität verleihen. Der davor im Abstand von etwa 50 Zentimetern gezogene einreihige Elektrozaun gibt zusätzliche Sicherheit gegen Hinausfressen.

Ein sehr gut aussehender Zaun, der von Großpferden auch respektiert wird. Für Haflinger und Kleinpferde jedoch bietet er herrliche Gelegenheit zu „Ausflügen" in die Umgebung.

len können. Jedoch gibt es hier Einwände von Seiten des Umweltschutzes.

Die Pfosten müssen die entsprechende Länge aufweisen, die von der Zaunhöhe abhängig ist. Die Zaunhöhe wiederum richtet sich nach der Größe und der Art der darin zu verwahrenden Pferde. Großpferde werden, das wird jedem einleuchten, einen höheren Zaun benötigen als Ponys, Springpferde eine andere Zaunhöhe brauchen als eine Gruppe von gemütlichen Zuchtstuten. So wird also die Zaunhöhe zwischen 140 und 200 Zentimeter variieren. Wir würden aber dazu raten, auch bei kleineren Pferden Zäune nicht unter einer Höhe von 150 Zentimetern zu bauen.

Wichtig ist, dass die Pfosten fest im Boden verankert sind. Das bedeutet, dass sie mit dem zugespitzten Ende zumindest 50 Zentimeter, für höhere Zäune auch bis zu 80 Zentimeter tief in den Boden gerammt werden müssen.

Auch der Abstand der Pfosten voneinander ist mit entscheidend für die Stabilität des Zaunes. Die vielfach üblichen vier Meter sind absolut das Extrem. Der Zaun gewinnt an Sicherheit, wenn der Abstand auf 2,50 bis drei Meter verringert wird. Dies verteuert den Zaun zwar anfangs, rentiert sich aber letzten Endes dadurch, dass Reparaturen sowie Ausbruchsversuche seltener werden.

Welchen Durchmesser die Querstangen haben müssen, hängt nicht zuletzt davon ab, wie viele davon übereinander verwendet werden. Logischerweise kann man bei mehr Stangen auch einen geringeren Durchmesser rechnen. Nur die oberste Stange muss in diesem Fall genauso viel aushalten wie bei einem Zaun mit nur drei Querstangen. Der Durchmesser variiert zwischen acht und 15 Zentimetern. Die Querstangen müssen an den Pfosten immer innen, also an der Koppelinnenseite angeschlagen werden. Wenn die Querstangen länger geschnitten sind als der Abstand zwischen den Stehern, sie also etwa zehn Zentimeter an beiden Seiten überstehen, muss man zwar die Querstangen von Feld zu Feld versetzt befestigen, der Zaun gewinnt dadurch aber an Stabilität. Sehr elegant sieht es aus, wenn man den Holzzaun statt aus Rundlingen aus kantig geschnittenen Pfosten baut. Diese Balken sind auch sehr angenehm zu verarbeiten. Allerdings verteuern sie die Kosten für die Einzäunung beträchtlich und in Gegenden, in denen mit starken Stürmen zu rechnen ist, bewähren sich Rundlinge besser.

DIE GESETZESLAGE

Der Pferdehalter ist verpflichtet seine Pferde stets so sicher zu verwahren, dass sie nicht ins Freie gelangen und dort Schaden anrichten können. Wobei ein Schaden, der an den Fluren angerichtet wird, noch vergleichsweise billig kommt, im Verhältnis dazu, wenn Pferde auf eine verkehrsreiche Straße gelangen und dort Unfälle herbeiführen. Dabei können letzten Endes die Pferde ebenso zu Schaden kommen wie andere Verkehrsteilnehmer und Fahrzeuge.

Die Verwahrung eines Tieres hängt von den Umständen jedes einzelnen Falles ab, wobei die Eigenschaften der Tiere ebenso zu berücksichtigen sind wie die örtlichen Gegebenheiten. Das heißt, dass in Straßennähe an

Ein absolut desolater Zaun. Dass die Pferde sich hier nicht selbständig machen, ist einerseits dem vorgespannten doppelreihigen Elektrozaun zu verdanken, in viel stärkerem Maße aber dem Gebüsch, das die Grenze als undurchdringlich anzeigt.

die Umzäunung noch strengere Maßstäbe anzuwenden sind als bei Koppeln, die weit entfernt liegen und von denen aus ein Pferd üblicherweise nicht bis auf die Straße laufen würde. Wo miteinander nicht vertraute Pferde zusammenkommen, ist auch der Zaun mehr gefährdet als bei einer ruhigen, gewachsenen Herde. Auch alte oder irgendwie leidende Pferde sind weniger darauf bedacht, die Außenwelt zu erkunden. Fressbares außerhalb der Koppel (Gras, Mais und anderes) verlockt sehr stark zu Ausbruchsversuchen. Einzeln gehaltene Pferde versuchen zu Artgenossen zu gelangen, Hengste brechen aus, um zu einer rossigen Stute zu kommen. Manche Kleinpferde unterliegen einem Wandertrieb, der sie veranlasst, ohne für den Menschen ersichtlichen Grund die Koppel zu verlassen.

Wie man aus diesen Aufzählungen schon sieht: Ausbruchsgefahren lauern überall, und deshalb ist der robusten und sicheren Konstruktion des Zaunes unbedingt größte Aufmerksamkeit zu widmen.Einfach eine Haftpflichtversicherung abzuschließen und zu meinen, damit aller Sorgepflichten entledigt zu sein, das ist keine ausreichende Lösung. Koppeleinzäunungen sind stets in ordentlichem, pferdesicherem Zustand zu erhalten. Das setzt voraus, dass sie regelmäßig auf ihre Funktionsfähigkeit kontrolliert werden. Sobald Pferde einmal aus einer Koppel ausgebrochen sind, ist der Tierhalter verpflichtet, diese Schwachstelle sofort zu beseitigen. Wo Pferde nämlich einmal eine Gelegenheit wahrgenommen haben, versuchen sie es bald wieder.

Haftbar für alle Unfälle, die durch aus der Koppel ausbrechende Pferde verursacht werden, ist der Pferdehalter. Dies kann entweder der Besitzer sein, da aber die meisten Pferde in einem Reitstall oder bei einem Landwirt eingestellt sind, gilt jener als Halter, dem das Tier zur Verwahrung übergeben wurde. Er hat dafür zu sorgen, dass er der Unberechenbarkeit des tierischen Verhaltens Rechnung trägt und eine Gefährdung von Leben, Gesundheit und Eigentum Dritter nach Tunlichkeit vermeidet. Er ist für den durch das entlaufene Pferd angerichteten Schaden voll verantwortlich, wenn er nicht beweisen kann, dass er für dessen erforderliche Verwahrung oder Beaufsichtigung gesorgt hat.

Infolge von Unfällen, die durch ausgebrochene Pferde entstanden, kam es zu Gerichtsverhandlungen und im Endergebnis auch zu einigen interessanten gerichtlichen Entscheiden. So werden in Österreich nicht nur Elektrozäune, sondern auch Zaunhöhen von 1,20 Meter vom Gericht nicht als ausreichend angesehen. Sachverständige fordern eine Zaunhöhe von 1,40 bis 1,60 Meter. Der Tierhalter, der auf einer Weide neben einer Landstraße Pferde hält, hat wegen der besonderen Gefahrenquelle des Straßenverkehrs den Weidezaun täglich zu kontrollieren. Erfüllt er diese Pflicht nicht, haftet er im Schadensfall (OLG Hamm, BRD, Az.: 9 U 24/66).

Schäden, die durch ausbrechende Pferde entstehen, werden von einer bestehenden Haftpflichtversicherung finanziell abgegolten, selbst dann, wenn der Zaun nicht den Vorschriften entsprochen hat. Dies aber schützt den Pferdehalter nicht vor einem eventuellen eingeleiteten Strafverfahren. Wir müssen also genau zwischen dem finanziellen Aspekt und dem strafrechtlichen unterscheiden.

Das Hinausfressen aus der Koppel sollte man unbedingt vermeiden. Nur allzu leicht können die Pferde mit ihrer starken Halsbemuskelung beim Kopfheben eine Stange aus der Verankerung lösen, und einem Ausflug aus der Koppel steht nichts mehr im Weg.

DIE SICHERSTE LÖSUNG

Weil es gilt, das Ausbrechen der Pferde nach Möglichkeit zu vermeiden, sind auch unzählige Sicherheitsmaßnahmen noch immer nicht zu viel. Gürtel und Hosenträger also.

So wird der Holzzaun, der durch Scheuern und Benagen seine Stabilität leicht einbüßt und außerdem die Pferde zum Hinausfressen verlockt, durch einen in Entfernung von etwa 30 bis 50 Zentimeter vorgesetzten einreihigen Elektrozaun wesentlich sicherer gemacht. Dieser Elektrozaun sollte durch Farbe und Breite den Pferden jederzeit gut sichtbar sein und so allein schon durch sein Vorhandensein abschreckende Wirkung verbreiten. Bringt man den Elektrozaun zwischen den Querstangen an, kann man das Hinausfressen verhindern, doch vom Scheuern an den Pfosten werden die Pferde meist nicht abgehalten.

Gefährlich werden kann eine übermäßig lange Regenperiode oder das Frühjahrstauwetter für die Pfosten, die im weichgewordenen Erdreich nicht mehr den entsprechenden Halt finden. Wenn die Pferde jedoch durch den vorgespannten Elektrozaun von unmittelbarer Berührung der Pfosten sicher abgehalten werden, kann eigentlich nichts passieren.

Ausbrechende Pferde laufen in der Regel in jene Richtung, in der die Flucht am einfachsten möglich erscheint. Dies sind in erster Linie deutlich sichtbare Schwachstellen im Zaun, in zweiter Linie jene Stellen, an denen hinter dem Zaun freies Gelände sichtbar ist.

Hier sind die Stangen durcheinandergeraten. Eine Lücke ist so entstanden, die geradezu zum Verlassen der Koppel auffordert. Der tägliche Kontrollgang sorgt dafür, dass solche Schäden gleich wieder ausgebessert werden.

Ein stabiles Gitter wie von einem Gartenzaun hält draußen, was draußen bleiben soll, verhindert aber auch, dass Pferde nach dem draußen vorhandenen saftigen Grün angeln.

Daraus ist ein logischer Schluss zu ziehen: Wenn es so aussieht, als wäre hinter dem Zaun die Welt zu Ende, versuchen die Pferde auch gar nicht dort hinauszukommen. So bewähren sich also dichtere Hecken außerhalb des Zaunes sehr gut. Ein Bach, der unmittelbar an der Umzäunung vorbeifließt, erscheint Pferden zumeist auch als eher zu vermeidendes Hindernis.

Selbstredend wird man eine Pferdekoppel nicht ringsum dicht machen, weil man den Pferden dadurch ihre Welt wesentlich einschränkt. Aber gerade in gefährliche Richtungen, etwa der Straße zu, sind solche optischen Hindernisse nicht zu unterschätzen.

Weil ein Koppelzaun auch vor dem Eindringen von Füchsen und jagenden Hunden, aber ebenso vor dem Betreten durch fremde Menschen schützen soll, bewähren sich zusätzliche Sicherungsmaßnahmen. Kann man mittels Elektrozaun die Pferde von der unmittelbaren Umzäunung abhalten, so wird man in manchen Gegenden als Schutz gegen Eindringlinge von außen die Koppel vom Boden weg bis zu einer Höhe von 50 bis 80 Zentimeter zusätzlich mit einem Gitter umgeben, das Füchse und die Pferde gern hetzenden Hunde abhält.Unwillkommene Menschen abzuhalten ist etwas schwieriger, denn einen doppelten Zaun, außen Gitter innen Koppelzaun, wird man schon aus finanziellen Gründen kaum bauen können.

Weil Pferde auch durch Scheuern oder Daruntersteckern des Kopfes Querstangen leicht aus ihrer Verankerung heben können, bewährt sich eine zusätzliche Sicherung dieser Befestigungen mit Ballenschnüren. Diese werden achterartig fest um Pfosten und Querverbindungen geschlungen, und nun können Pferde daran rütteln, so viel sie wollen, sie können keine Stange mehr lockern. Wenn Pferde den obersten Balken benagen oder Kopper ihn als Unterlage benutzen, hilft es, über dem obersten Balken noch eine Reihe Elektrozaun zu spannen. Das kuriert selbst die eifrigsten Nager und Kopper.

GEFAHRENPUNKT TOR

Eine typische Schwachstelle auch im stabilsten Koppelzaun ist immer das Tor. Einerseits sind Angeln und Verschlüsse nicht jeder Beanspruchung durch Pferde gewachsen, andererseits ist auch unbefugtes Öffnen durch fremde Personen nicht auszuschließen. Ein Vorhängschloss kann hier gewisse Sicherheit gegenüber Unbefugten garantieren. An der Innenseite sollte der vorgespannte Elektrozaun auch an dem Tor vorbeiführen, muss jedoch mittels Feder-Einhängverschluss zu öffnen sein.

Besser als ein nicht ganz sicheres Tor ist gar kein Tor. Nein, nein, jetzt sind wir nicht übergeschnappt! Selbstverständlich muss man eine Koppel befahren können, für Futterlieferungen, zum Mistentfernen und für eine ganze Reihe anderer Arbeiten. Auch will man ja zeitweise Pferde herausholen oder neue hineinbringen. Trotzdem sollte man die Schwachstelle Tor vermeiden. Wenn nämlich die Einfahrt genauso durch Querstangen verschlossen wird wie der übrige Koppelzaun, sieht dies für die Pferde auch ebenso dicht aus. Allerdings sind diese Stangen in Halterungen aus Metall oder in dicke Seilschlingen eingeschoben und daher im Bedarfsfall leicht herausnehmbar. Um das Öffnen durch Unbefugte zu verhindern, bohrt man in die Querstangen an ihren Enden Löcher, durch welche man eine Stange oder Kette zieht, die mittels Vorhängschloss gesichert wird.

Was tun, wenn Wanderwege die Koppel durchqueren?

Gelegentlich führen allerdings auch Wanderwege mitten durch eine Pferdekoppel. Wenn irgend möglich sollte man solche Anlagen vermeiden, weil es leicht zu Unfällen mit den Pferden kommen kann. Wo dies jedoch nicht zu verhindern ist, wird man besser keine zu öffnenden Tore anbieten, die von schlampigen Wanderern dann offen gelassen oder nur irgendwie nachlässig geschlossen werden, sondern entweder Tritte, die ein Übersteigen des Koppelzaunes ermöglichen, oder einen Durchschlupf, der so schmal und ums Eck angelegt ist, dass zwar ein Mensch hindurch kann, nicht aber ein Pferd.

DIE HABITAT-PRÄGUNG

Pferde ziehen üblicherweise von Futterplatz zu Futterplatz. Das Weiterziehen liegt ihnen im Blut. Weshalb bleiben sie - zumindest in den meisten Fällen - dann doch in ihrer Koppel, selbst wenn diese an manchen Stellen schon so schadhaft ist, dass es ein Leichtes wäre, sie zu verlassen?

Grund dafür ist die Habitat-Prägung, die Prägung auf jenes Gebiet, in das sie hineingeboren sind und in dem sie leben, eventuell auch das Gebiet an das sie gewöhnt sind. Dieses Gebiet zu verlassen bedeutet, eine Hemmschwelle zu überwinden. Dass solche Hemmschwellen existieren, weiß jeder, der einmal versucht hat, ein Fohlen zum ersten Mal aus der Box zu bugsieren. Auch beim Ausladen aus dem Transporter in fremder Gegend kann bei manchen Pferden diese Hemmschwelle wieder zum Vorschein kommen. Pferde, die bereits in einen Offenstall hineingeboren wurden, sehen ganz selbstverständlich den Zaun als Grenze ihres Lebensbereiches an. Wenn man sie zum ersten Mal aus diesem Bereich hinausführen will, ist dies gar nicht so einfach. Sie weigern sich beharrlich, ihren angestammten Bereich zu verlassen, und man muss schon entsprechende Geduld und viel Geschick aufwenden, um sie zum ersten Schritt in die fremde Welt zu veranlassen.

Ein Territorium ist für Pferde ja nicht ganz fremd. Auch wild lebende Pferde ziehen nicht, wie oft gemeint wird, endlos immer weiter und weiter, sondern bewegen sich innerhalb eines bestimmten Gebietes, dessen Grenzen auch durch ihre Mist- und Harnmarkierungen für jedermann beziehungsweise für jederpferd gekennzeichnet sind. Auch in der Koppel liegt Mist an der äußersten Grenze.

Außerhalb der Umzäunung riecht es anders. Das ist fremdes Territorium, das man zu meiden hat, will man nicht in Schwierigkeiten kommen. Zwar ist das unseren Pferden angebotene Territorium in fast allen Fällen wesentlich kleiner als es in der freien Natur wäre, da sie aber nie anderes kennen gelernt haben, können sie sich damit bescheiden.

Die Existenz dieser Hemmschwelle hat natürlich einen großen Vorteil. Solange ein Pferd nicht gelernt hat, diese Grenze als aufgehoben zu betrachten, wird es den Auslauf auch nicht freiwillig verlassen. Das bietet eine gewisse Sicherheit. Ist ein Pferd jedoch auch nur einmal außerhalb der Koppel gewesen, hat es mit dieser Fortsetzung des Lebensraumes Bekanntschaft gemacht und erfahren, dass er durchaus interessant und ungefährlich sein kann, wird es gern sich bietende Gelegenheiten wie offen stehende Tür oder schadhaften Zaun nützen, um wieder einmal einen Ausflug zu unternehmen.

Geraten Pferde aus irgendeinem Grund in Panik, dann verliert die Hemmschwelle auch bei den jüngsten Pferden ihre Wirkung. Der Instinkt, der zu sofortiger Flucht rät, ist nun stärker, und sie werden inmitten der davonstürmenden Gruppe einfach ins Freie gespült.

Interessant ist, dass ausgebrochene Pferde fast nie wieder durch die Ausbruchstelle in die Koppel zurückfinden. Deshalb ist es ganz wichtig, über die schon vorhin besprochene „Türöffnung“ zu verfügen, da solche Öffnungen mit einer Breite von drei Meter oder mehr weit genug sind, von den Tieren deutlich wahrgenommen zu werden und sogar die Möglichkeit bieten, auch mehrere Pferde gleichzeitig in die Koppel zurückzubugsieren.

Allerdings ist es gar nicht so einfach, die Pferde wieder zur Rückkehr zu bewegen. Am leichtesten gelingt dies, wenn man die Leitstute ergreift und in die Koppel führt. Dann folgen, vorausgesetzt die Gruppe hat eine Herdenstruktur, die anderen Pferde hintennach.

Der Zaun rings um die Koppel soll dafür sorgen, dass Pferde die Koppel nicht unbeaufsichtigt verlassen können. Deshalb muss er so massiv sein, dass Pferde ihn auch als optische Begrenzung ihres Lebensbereiches ansehen. Ein zusätzlicher Elektrozaun erhöht die Sicherheit. Eine Koppeleinzäunung mittels Elektrozaun allein wird, wie gerichtliche Entscheidungen festlegen, in manchen Fällen nicht als ausreichend angesehen.

Der Pferdehalter trägt die Verantwortung für die Funktionstüchtigkeit der Einzäunung und ist daher auch verpflichtet, sie ständig zu kontrollieren. Er haftet für alle Schäden, die aus einer schlecht eingezäunten Koppel ausbrechende Pferde verursachen. Die Haftpflichtversicherung deckt nur die daraus entstehenden finanziellen Forderungen ab, die strafrechtlichen Folgen hat der Pferdebesitzer oder -halter zu tragen.

FAZIT

Es wird Ihnen aufgefallen sein, dass wir in diesem Buch der Koppel samt Einzäunung ein ganz besonders umfangreiches Kapitel zugemessen haben. Der Grund dafür ist ganz klar: Die Koppel ist für ein Offenstallpferd der wichtigste Aufenthaltsort, ist sein unmittelbarer Lebensbereich und daher auch mit viel Überlegung anzugehen. Wie wohl sich ein Pferd in dieser Haltung fühlt, hängt in erster Linie von der Artgerechtheit, der Qualität und Funktionsfähigkeit des Koppelauslaufes als dem unmittelbaren Lebensbereich ab.

Ob der Offenstall dem Pferd halbwegs natürliche Lebensbedingungen bietet oder in eines der beiden unerwünschten Extreme abfällt und so entweder nur eine Erweiterung der künstlichen Umgebung darstellt oder andererseits vielleicht eine bloß unappetitliche und ungesunde Angelegenheit ist, das hängt vor allem davon ab, wie der denkende Mensch mit Pferdeverstand den Lebensbereich seiner Tiere den natürlichen Bedürfnissen entsprechend zu gestalten versteht.

Ein kleines Nickerchen unter Mutters Nase: Das Fohlen legt sich ohne Rücksicht auf die fressenden Herdenmitglieder mitten in den Grünfutterhaufen.

DER FUTTERPLATZ

Futterplätze werden auch in der Offenstallhaltung sehr oft absolut nicht pferdegerecht organisiert. Wie in vielen anderen Belangen versucht der Mensch, der sich in allen Bereichen für das Maß aller Dinge hält, auch hier verständnislos und unnötig regelnd einzugreifen. Wenn man alles, was da so propagiert wird, als unabdingbar betrachtet, so muss es einen eigentlich wundern, dass wild lebende Pferde, denen niemand spezielle Futtereinrichtungen und gesicherte Fressplätze zuweist, überhaupt überleben können.

Brauchen Pferde ein eigenes Speisezimmer?
Die Manipulation beginnt schon damit, dass man den Pferden bei der Offenstallhaltung manchmal getrennt Fressbereich und Liegebereich zuweist. Also gewissermaßen: friss niemals im Schlafzimmer, aber ruhe auch ja nicht im Speisezimmer! Diese Trennung ist absolut unnatürlich, wenn man beobachtet, wie fressende Pferde und ruhende Pferde allein schon auf einer Weide bunt durcheinandergemischt auf relativ engem Raum zu finden sind.

Fohlen legen sich gar, selbst wenn andere weiche Liegeplätze vorhanden sind, gern unter dem Kopf der Mutter und dabei sogar mitten in den Heu- oder Grünfutterhaufen nieder.

Die Gemeinsamkeit von Fress- und Liegeplatz in einem einzigen Raum ist die dem Pferdeverhalten angepasstere Version.

Pferde mögen es überhaupt nicht, wenn ihnen der Mensch bestimmte Örtlichkeiten für bestimmte Zwecke zuweist. Sie wählen sich Fress-, Ruhe-, Spiel- und Mistplatz nach eigenem Belieben. Selbst wenn der Mensch hier eingreift, kann er sich meist gar nicht durchsetzen. Die Pferde beharren auf ihren eigenen Vorstellungen.

DER FUTTERPLATZ IM STALL

Die Geschichte von den futterneidischen Pferden, die ihren Gefährten am liebsten alles wegfressen würden, ist uralt. Futterneidisch sind Pferde aber nur dann, wenn nicht genügend Fressbares vorhanden ist und jeder schauen muss, wie er seinen Hunger stillen kann. Dann werden übrigens auch Menschen zu Hyänen.

Von der Voraussetzung ausgehend, dass jedes Pferd zu seiner Ration kommen muss und der betreuende Mensch dafür verantwortlich ist, dass dies auch wirklich der Fall ist, hat man Vorrichtungen ersonnen, die Pferde beim Fressen voneinander abzusondern. Am üblichsten ist leider die Errichtung von „Fressständen“, bei denen am Futterplatz jedes Pferd mittels einer kürzeren oder längeren Bretterwand von seinem Fressnachbarn getrennt ist. Eine Maßnahme, die auf den ersten Blick recht vernünftig aussehen mag.

Wie pferdegerecht sind Fressstände?

Jedoch sollte man alle Maßnahmen in erster Linie aus der Sicht des Pferdes beurteilen. Und da sieht alles ganz anders aus. Das Pferd, das in solche einem ständerartigen Gebilde steht, um sein Futter aufzunehmen, kann nun seine Stallgefährten nicht mehr sehen. Aber die optische Wahrnehmung der Gefährten ist ein wichtiger Aspekt für die Sicherheit. Das Pferd im Fressstand kann seine Mitbewohner wohl hören und riechen, aber dem Gesichtssinn kommt doch eine besondere Bedeutung zu, vor allem dann, wenn die akustische Wahrnehmung durch den Kauvorgang und die damit verbundenen Eigengeräusche durchaus beeinträchtigt ist. „Was macht mein Nachbar? Ist mein Intimfeind in der Nähe? Was tut die Herdenchefin? Will mich jemand von meinem Futterplatz vertreiben? Schleicht schon jemand heran, um mich ins Hinterteil zu beißen? ...“ Viele Fragen, die für ein Pferd ununterbrochen von Bedeutung sind, können plötzlich nicht mehr korrekt beantwortet werden. Ein Gefühl der Unsicherheit entsteht, vor allem bei Pferden mit niederem Rang in der Hierarchie. Pferde mit mangelnder Selbstsicherheit und sehr nervöse Tiere leiden besonders.

Vor allem besteht ständig die Angst, dass ein anderes Pferd von hinten herankommen könnte und man selbst nun keine Fluchtmöglichkeit offen hätte, da man in dem engen Fressstand wie in einer Falle gefangen ist. Und es ist nicht nur eine abstrakte Vorstellung, denn sehr oft ist ein Pferd der Meinung, dass ein anderes über schmackhafteres Futter oder eine größere Portion verfüge, verlässt seinen Fressstand und versucht, in den Stand eines Stallkameraden einzudringen. Die Vorstellung, dass alle Tiere artig in ihrem Stand stehen bleiben und ihr Futter fressen, ist zwar sehr schön, aber leider reine Theorie. Pferde, die sich ihr Temperament, ihren Instinkt und ihre Intelligenz bewahrt haben, sind stets auf der Suche, vor allem dann, wenn sich ihr eigener Futtervorrat schon stark reduziert hat.

Wie verhalten sich Pferde bei einer Fütterung ohne menschliche Vorschriften?
Also keine Fressstände. Aber wie soll dann eine Fütterung geordnet ablaufen, ohne dass es ständig zu Reibereien kommt?

Pferde sind gar nicht so streitsüchtig, wie oft behauptet wird. Lässt man ihnen entsprechende Freiheit, so haben sie auch wenig Grund dazu. Üblicherweise fressen Pferde sogar gern Nase an Nase. Beobachtet man eine nicht in ihrer Bewegungsfreiheit eingeschränkte Gruppe, kann man das genau erkennen. Allerdings bilden sich hier im Laufe des Zusammenlebens spezielle Freundschaften heraus und jedes Pferd hat Partner, mit denen es besonders gern beisammen ist, auch bei der Nahrungsaufnahme. Verabfolgt man Heu oder Grünfutter in einer langen Reihe, so sucht sich jedes Pferd seinen Platz so aus, dass es zwischen zwei Freunden stehen kann. Sobald einer dieser Freunde seinen Platz wechselt, entsteht ein allgemeines Bäumchen-wechsle-dich-Spiel,

Pferde fressen gern ganz eng Kopf an Kopf. Selbst dann, wenn Futter in breiter Reihe ausgelegt wird, finden sich Fressgruppen zusammen.

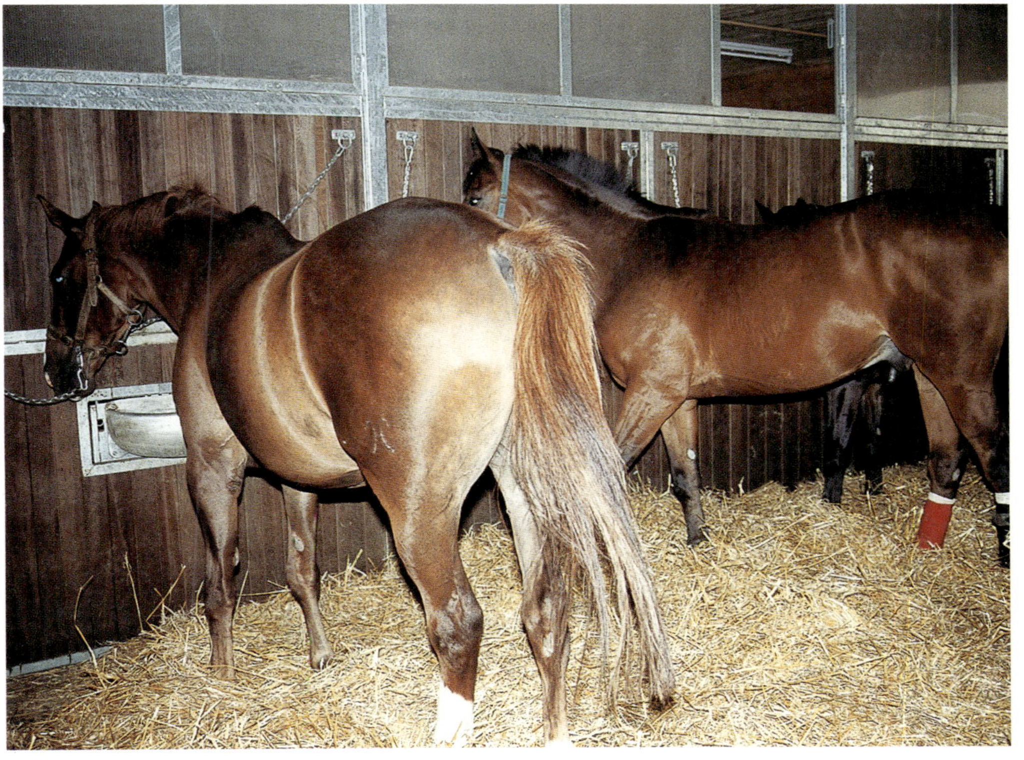

Mit sehr praktisch links und rechts über der Futterkrippe montierten Anbindeseilen wird zur Futterzeit jedes Pferd an seinem Platz angehängt. Jedes kann seine Ration in Ruhe verzehren.

weil durch die Platzveränderung eines einzigen Pferdes leicht eines oder mehrere andere nun plötzlich neben einem nicht so sehr geschätzten Kameraden zu stehen kommen und deshalb gleichfalls auf die Suche nach einem anderen Platz gehen.

Dieser Platzwechsel während der Futteraufnahme entspricht auch dem, was beim Weiden üblich ist, nämlich nicht ständig regungslos an einer Stelle zu verharren, sondern sich von Ort zu Ort zu bewegen. Das, was wir unseren Kindern so gern sagen: „Bleib beim Essen ruhig sitzen, sonst schlägt es dir nicht an!“, trifft jedenfalls für Pferde nicht zu.

Welch andere, pferdegerechtere Maßnahmen gäbe es?

Gibt es trotzdem Schwierigkeiten, so wäre es eine durchaus pferdegemäßere Methode, die Tiere während der Futteraufnahme anzubinden. Sobald man weiß, welche Pferde nebeneinander verträglich sind, wird eine Ordnung festgelegt, die man dann auch immer einhält.

Diese Methode hat natürlich ihre Nachteile: Zunächst einmal setzt es voraus, dass alle Pferde ein Halfter tragen, und dann erfordert es zusätzlichen Arbeitsaufwand, alle Tiere anzuhängen und nachher wieder loszumachen, andererseits könnte es auch ganz leicht passieren, dass man gelegentlich vergisst, sie wieder loszumachen, ehe man fortgeht, und die Pferde, oder vielleicht auch nur ein einzelnes, so für den Rest des Tages angehängt im Stall stehen.

Arbeitssparender ist es, wenn man nur die Unruhestifter zur Fressenszeit anhängt. Zumeist sind dies die ranghohen Tiere, für gewöhnlich überhaupt die Leitstute. Wenn dieses Pferd oder diese zwei, drei Pferde angehängt werden, kehrt auch Ruhe ein.

Auch die Möglichkeit, mehrere voneinander getrennte Futterstellen einzurichten, könnte man als Problemlösung ins Auge fassen. Das wäre vor allem dann sinnvoll, wenn ein niederrangiges Pferd von anderen regelmäßig von der Futterkrippe verjagt wird oder wenn neue Pferde in die Offenstallhaltung gebracht werden und erst einige Zeit benötigen, um integriert zu werden.

Doch in der Regel ist das alles gar nicht nötig. Wenn genügend Futter vorhanden ist, sind Streitigkeiten eher selten. Nur ganz am Anfang, wenn das Futter vorgelegt wird, kann es zu Gedränge und Unruhe kommen, weil jeder als Erster ans Fressen kommen möchte.

Über das Thema, wie unterschiedliche Arten und unterschiedliche Mengen von Kraftfutter im Offenstall verabreicht werden können, sprechen wir im Kapitel „Fütterungspraxis“ (siehe Seite 143 ff.).

Welche Einrichtungen benötige ich für das Futter?
Der Futterplatz im Stall besteht aus einer Raufe oder einer ähnlichen Vorrichtung für das Heu und einer Möglichkeit, das Kraftfutter zu verabreichen. Dass in Augenhöhe oder darüber angebrachte Raufen zwar nicht so leicht verschmutzt werden, aber für die Gesundheit der Pferde nicht vorteilhaft sind, hat sich ja mittlerweile herumgesprochen. Beim Futterplatz ist entscheidend, dass die Pferde eine möglichst natürliche Fresshaltung einnehmen können, ohne den Rücken wegzudrücken und ohne dass ihnen Futter oder Futterstaub in die Augen fallen kann.

Ist es sinnvoll, das Raufutter vom Boden zu geben?
Für die Fresshaltung orientiert man sich am besten am grasenden Pferd. Dieses nimmt sein Futter unmittelbar vom Boden auf, also in Höhe seiner Hufe. Dies sollte auch bei der Stalleinrichtung berücksichtigt werden.

In Boxen reicht man vorzugsweise das Raufutter auf dem Boden. Das ist sehr natürlich und praktikabel. In der Offenstallhaltung, wo mehrere Pferde sich an einer Futterquelle bedienen, kann jedoch das Futter nach den verschiedensten Richtungen auseinander gezogen werden, von den Hufen vertragen und schließlich auch verschmutzt werden. Deshalb verwendet man gern Futterraufen, die auf dem Boden stehen oder zumindest in Beinhöhe angebracht sind. Viele Pferde agieren allerdings gern mit den Vorderbeinen. Sie könnten bei zu geringer Raufenhöhe leicht mit den Hufen von oben in die Raufe hineingelangen und darin hängen bleiben. Außerdem besteht die Gefahr, dass die Raufen im Laufe des Tages durch Rossäpfel verschmutzt werden.

Nicht schlecht bewährt haben sich fixe Abtrennungen mit quer gelegten Brettern, die unten etwa sieben Zentimeter vom

Boden entfernt sind. Diese kistenartigen Gebilde haben keinen Boden. Das ermöglicht es, vor dem Füttern die Futterkrippe auszukehren und von eventuell vorhandenen Exkrementen zu säubern. Die geschlossenen Bretter machen es unwahrscheinlicher, dass Pferde mit den Hufen beim Hineintreten hängen bleiben. Bei dieser Form der „Futterkrippe" können die Pferde allerdings nicht zwischen den Stäben ihr Heu herausziehen, sie fressen von oben aus der Kiste heraus.

Entschließt man sich zur Verwendung fertig käuflicher Raufen aus Metall, so müssen diese entsprechend tief angebracht werden, um die natürliche Fresshaltung zu ermöglichen.

Das Heu in entsprechend tief aufgehängten Heunetzen zu reichen, ist in manchen Fällen möglich. Zumeist aber gibt es in der Haltung das eine oder andere Pferd, das gern mit den Vorderbeinen agiert und so schließlich im Netz hängen bleibt. Besser geeignet wären da die taschenartig geschlossenen Heusäcke mit einer runden Fressöffnung an der Vorderseite, wie sie im Handel angeboten werden.

Doch rentiert sich diese Anschaffung nur bei zwei, drei Pferden. Wo eine größere Gruppe im Offenstall lebt, wird man wohl auf die Lösung mit der Kiste zurückgreifen müssen oder das Futter ganz einfach an einer Innenwand entlang auf dem Boden auflegen.

Kraftfutter aus dem Kübel ist eine der möglichen Variationen. Allerdings muss dann für jedes Pferd ein Kübel vorhanden sein, soll es nicht zu Streitigkeiten kommen.

Wie verabreiche ich das Kraftfutter im Offenstall?

Hierfür gibt es mehrere Möglichkeiten. Entweder bringt man eine muldenartige Vorrichtung aus Holz über der Raufe an. Diese Mulde ist wesentlich schmäler als die Raufe, damit der Zugang zur Raufe frei bleibt, und liegt etwa in der Höhe von einem halben Meter vom Boden.

Füttert man nicht Hafer, sondern Pellets oder Rübenschnitzel, so kann man das Kraftfutter auch ganz einfach auf das Raufutter legen.

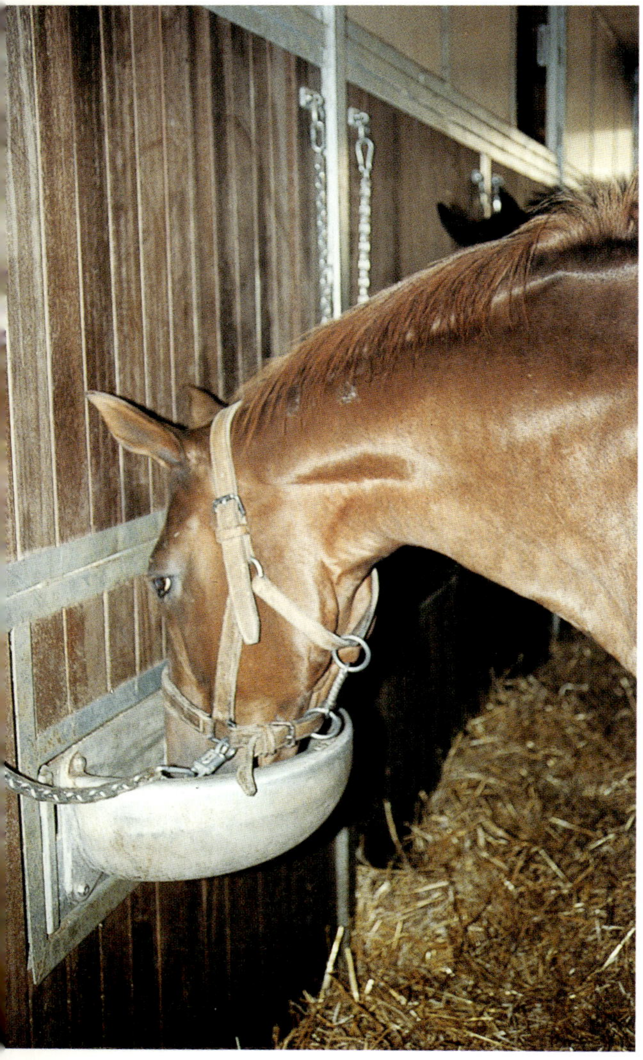

Futterkrippen, die beweglich sind und außerhalb der Fütterungszeit in den Nebenraum geschwenkt werden, während nun eine völlig glatte Wand zurückbleibt, können auch nicht so leicht beschädigt oder verschmutzt werden.

Futterkübel, die nur zur Fresszeit an Haken über der Raufe aufgehängt werden, sind eine weitere Möglichkeit. Sie haben gegenüber den im Handel erhältlichen Futterkrippen den Vorteil, dass sie wesentlich billiger sind, andererseits aber leicht erneuert und durch andere ersetzt werden können. Allerdings sollte man pro Pferd einen Kübel verwenden, damit kein Pferd zu kurz kommt. Werden zu wenig Kübel aufgehängt, lassen höherrangige Pferde ihren Kopf die ganze Zeit über im Kübel und hindern andere Herdenmitglieder so daran, auch an das Kraftfutter zu kommen.

Im Prinzip aber brauchen im Offenstall gehaltene Pferde, so es sich nicht um Leistungspferde handelt, eigentlich zumindest in der warmen Jahreszeit kein Kraftfutter, sondern nur erstklassiges Heu oder Grünfutter in ausreichender Menge.

Eine sehr praktikable, allerdings nicht ganz so billige Möglichkeit stellen Futtertröge dar, die in der Wand schwenkbar befestigt sind. So können sie in Ruhe von außen her gefüllt und zur Fütterungszeit in den Stall hineingedreht werden. Außerhalb der Fütterungszeit ist die Wand aber völlig glatt, nichts steht heraus, was die Pferde in ihrer Bewegung behindern kann. Auch ein Beschädigen oder Verschmutzen dieser Futtertröge ist nicht möglich.

Kann man das Kraftfutterproblem mit Futterautomaten lösen?

Natürlich ist dies prinzipiell möglich. So kann Kraftfutter sogar in individuellen Mengen ausgeteilt werden, wenn die Tiere wie die Kühe mittels Chips an Halsband oder Ohren den Computer des Automaten steuern. Da wäre es nicht einmal nötig ebensoviele Automaten anzuschaffen wie Pferde vorhanden sind.

Ich bin jedoch kein Freund von Fütterungsautomaten. Gerade das Füttern ist eine wichtige Gelegenheit, mit Pferden persönlichen Kontakt aufzunehmen. Ihr Vorhandensein kann sogar dazu führen, dass man die Betreuung der Pferde vernachlässigt, weil sie ja ohnedies automatisch zumindest mit Kraftfutter versorgt werden.

Welche Anforderungen werden an den Futterplatz im Unterstand gestellt?
Die Futterkrippe muss unbedingt stabil sein, da sie dem Bewegungsdrang, dem Gedränge, den Scheuer- und Reibversuchen und auch den Hufschlägen einer gewissen Anzahl von Pferden ausgesetzt ist.

Wichtig ist die passende Höhe, damit die Pferde ihre natürliche und gesunde Fresshaltung mit gesenktem Kopf und Hals einnehmen können.

Es muss möglich sein, sie von Futterabfällen, aber auch von immer wieder dort platzierten Pferdeäpfeln zu reinigen. Der Boden muss also entweder Öffnungen aufweisen oder aus einem Rost bestehen, oder an der Front müssen in gewissen Abständen Öffnungen vorhanden sein, durch die man Verschmutzungen hinauskehren kann.

Die Vorderfront der Futterkrippe muss besonders stabil sein. Ein Schrägung, oben breiter unten schmäler, bietet den Pferden die Möglichkeit, beim Fressen ein Bein vorzusetzen, wie sie dies auch beim Grasen tun, um besser die Balance zu halten und nicht unnötig Sehnen und Muskeln anstrengen zu müssen, damit sie bei vorgestrecktem Kopf das Gleichgewicht nicht verlieren. Futterkrippen werden zumeist aus Holz gefertigt, was auch durchaus zweckmäßig ist. Allerdings werden sie dann an ihrem oberen Rand von den Pferden benagt und werden nicht nur unansehnlich, sondern auch immer niedriger. Den oberen Rand mit Blech einzufassen, rentiert sich.

DER FUTTERPLATZ IM FREIEN

Bei aus der Sicht der Tiere schönem Wetter fressen Pferde lieber im Freien, auch im Winter. Daher sollte man auf eine Fütterungsmöglichkeit im Freien nicht verzichten. Dafür kommt allerdings nur Heu oder Grünfutter in Frage. Kraftfutter würde ich immer nur im Stall verabreichen.

An die Futterbehälter für das Freie werden jedoch ganz besondere Ansprüche gestellt, weil sie allen „Belästigungen“ durch die Pferde widerstehen müssen. Solche Futterständer sollen nicht durch Beknabbern beschädigt werden können, kein Pferd darf daran mit Hufen, Halfter, Mähne oder Schweif hängen bleiben und sie müssen so stabil sein, dass sie auch im ärgsten Gedränge nicht umgeworfen oder beschädigt werden können.

All diesen Anforderungen entsprechen Raufen nur selten. Jene metallenen Futterraufen, die auf Fotos immer so dekorativ aussehen, sind lebhaften Pferden nicht gewachsen. Temperamentvolle Tiere, die hoffen, mittels Huftritten auch aus dem leeren Barren noch Heu herauszaubern zu können, beschädigen solche Gestelle leicht. Bei Rangeleien werden die Raufen manchmal einfach umgeworfen, wenn sie nicht tief genug im Boden verankert sind. Man sollte darum weniger auf Dekoratives, sondern auf Stabiles setzen. Aus Brettern gefertigte Futtervorrichtungen haben den Vorteil, dass Zerstörtes auf einfache Weise und schnell ersetzt werden kann.

Sehr zu empfehlen ist eine Überdachung dieser Fressplätze, damit Futter nicht bei unerwartet einsetzendem Regen durchnässt wird. Eine durchaus zweckmäßige Variation

Legt man das Heu oder das Grünfutter in einer sehr langen Reihe oder in mehreren Haufen verteilt auf der Koppel aus, bilden sich Freundschaftsgruppen, die gemeinsam fressen. Manchmal wechseln diese Gruppen oder auch einzelne Tiere zu einem anderen Haufen, ohne dass dabei nennenswerte Unruhe entsteht.

wäre es, den Futterplatz im Freien so zu legen, dass er an den Zaun anschließt und die Raufe dadurch auch von außen beschickt werden kann. Dann kann auch einmal ein Außenstehender, der im Umgang mit Pferden nicht so bewandert ist, helfend als Fütterer einspringen, ohne dass er sich unter das Pferdevolk mischen muss.

Leben in der Offenstallhaltung mehr als vier Pferde, erweist es sich als zweckmäßig, zwei Futterplätze anzulegen.

Da Pferde an Futterstellen besonders heftige Beinarbeit leisten, ist der Boden dort extrem strapaziert und kann bei Schlechtwetter schnell tief werden. Befestigter Boden im Bereich der Futterstellen wäre deshalb sehr wünschenswert, sollte aber gut zu reinigen sein. Beton, Asphalt oder in einem Betonbett verlegter Ziegelboden eignen sich am besten.

Noch günstiger ist es natürlich, im Freien das Rau- oder Grünfutter überhaupt auf dem Boden zu verabreichen. Es wird in einer langen Reihe aufgelegt oder besser noch in mehreren Haufen, wodurch auch gruppenweises Fressen ermöglicht wird.

Streng zu achten ist dabei natürlich darauf, dass man Futter nicht dort platziert, wo Pferde Mist abgelegt haben. Diese Fütterungsweise auf dem Boden hat dazu den Vorteil, dass Pferde noch lange damit beschäftigt sind, die letzten verstreuten Halme aufzuklauben.

In dem vermutlich aus dem Jahr 1635 stammenden „Pferdeklassiker", einer Schrift über die traditionelle chinesische Veterinärmedizin (TCVM), finden wir sehr Interessantes zum Thema Fütterung im Freien. Unter dem Titel „Die Methode, starke Militärpferde heranzuziehen" kann man lesen: „... Den Futterplatz wähle man im Freien. Selbst bei Schnee und Kälte füttere man nicht im Stall, sondern bewege das Pferd täglich einmal, so dass seine Muskeln warm bleiben, es stark wird und Kälte ertragen lernt."

Pferde fressen gern Nase an Nase. Deshalb sollte man die Fressplätze nicht durch Absperrungen voneinander abtrennen. Pferde suchen sich selbst jene Fressnachbarn, mit denen sie sich gut verstehen. Die Futteraufnahme muss möglichst tief erfolgen, um den Pferden eine natürliche Körperhaltung zu ermöglichen. Im Unterstand haben sich kistenartige Behälter gut bewährt. Zusätzliche Futterplätze im Freien erfreuen sich bei den Tieren großer Beliebtheit. Dort kann man Heu und Grünfutter auch vom (sauberen!) Boden geben. Im Freien aufgestellte Raufen müssen besonders stabil sein.

WASSER

Sie haben ein entsprechendes Gelände erwerben und einen Unterstand aufstellen können. Doch damit ist noch nicht unbedingt alles in Ordnung.

Das Vorhandensein von Wasser ist ein ganz entscheidender Punkt für die Pferdehaltung, wenn nicht überhaupt der entscheidendste.

Wo Wasser nicht vorhanden ist, muss es zugeführt werden, und das ist für eine größere Anzahl von Pferden kaum durchführbar. Deshalb sollte man sich, noch ehe man ein Grundstück erwirbt und einen Unterstand errichtet, vergewissern, ob die Wasserversorgung der Pferde gesichert ist.

Wie viel Wasser braucht das Pferd?

Pferde brauchen am Tag mindestens 20 bis zu 50 Liter Wasser, abhängig vom Gewicht des Pferdes und der Art der Fütterung. Je mehr Raufutter, desto höher der Wasserbedarf. Wird Grünfutter gegeben, nähert sich der Wasserbedarf der unteren Grenze. An heißen Tagen wird durch Schwitzen die Wasserabgabe des Körpers erhöht, wodurch sich im selben Maß der Wasserbedarf des Pferdes erhöht.

Das Wasser dient nicht nur dazu, den Durst zu stillen. Seine Aufgaben im Körper sind vielfältig. So wird allein schon zur Speichelbildung eine beträchtliche Menge verbraucht. Weiterhin benötigt der ganze Verdauungsvorgang ausreichende Feuchtigkeit.

Der Stoffwechsel ist auf Wasser angewiesen und auch die Flüssigkeit des Blutes ist von der vorhandenen Wassermenge abhängig. Viele Stoffe, die mit der Nahrung aufgenommen, aber nicht benötigt werden oder im Übermaß vorhanden sind, oder auch Abbauprodukte werden in gelöster Form über die Nieren aus dem Körper geschleust. Die Harnmenge beträgt dann etwa 40 bis 50 Prozent der aufgenommenen Wassermenge. Bei sehr raufaserreichem Futter wird eine höhere Wassermenge für die entsprechende Erhaltung der Kotkonsistenz benötigt. Er hat einen Feuchtigkeitsgehalt zwischen 60 und 80 Prozent, bei Durchfällen kann er auf über 90 Prozent steigen.

Die Regulierung der Körpertemperatur erfolgt über die Schweißbildung. Bei nicht ausreichend vorhandenem Wasser ist die Schweißmenge zu gering und kann ihrer Aufgabe nicht entsprechend nachkommen.

Laktierende Stuten haben einen höheren Wasserbedarf. Ihr Wassermehrverbrauch gleicht etwa der Menge der Milchabgabe. Da Stuten im zweiten Lebensmonat des Fohlens bis zu 20 Liter Milch am Tag produzieren, ist auch ihr Wasserbedarf um diese Menge erhöht.

Steht dem Pferd zu wenig Wasser zur Verfügung, so kommt es zu einer allgemeinen Austrocknung. Dies ist an der Haut zu erkennen, die Falten wirft, wenn das Pferd sich bewegt. Man kann zur Probe auch Hautfalten mit den Fingern abheben. Flachen sie sofort wieder ab, ist die Hautfeuchtigkeit in Ordnung, bleiben sie eine Weile bestehen, ist das Pferd dehydriert.

Auch der Mist wird bei Wassermangel fest und kann manchmal nur mit Mühe herausgepresst werden. Ein Zeichen dafür, dass der gesamte Verdauungsvorgang in Mitleidenschaft gezogen ist.

DIE QUALITÄT DES WASSERS

Wichtig ist nicht nur das Vorhandensein von ausreichend Wasser, sondern auch dessen Qualität. Irgendein dubioses Rinnsal, eine Schlammlache, ein Teich mit stehendem Wasser oder ein, wie das leider fast immer der Fall ist, mit Fäkalien, Düngemitteln, Detergenzien oder Abfällen verschmutzter Bach oder Fluss sind absolut ungeeignet als Wasserquelle für eine Pferdehaltung.

Wo der Offenstall bei Wohngebäuden errichtet wird, ist in der Regel Wasser von guter Qualität aus der örtlichen Wasserleitung oder einem Brunnen vorhanden. Was für den Menschen gut genug ist, passt auch für das Pferd. Gibt es auch in Nähe des Offenstalles keinen eigenen Wasserauslass, so kann man sich doch mit einer Schlauchleitung vom Haus zum Stall behelfen.

Probleme entstehen in erster Linie dort, wo Offenstallhaltungen in Einzellage errichtet werden. Hier muss man unbedingt zuerst die Frage der Wasserversorgung klären. Fast überall lassen sich unterirdische Wasserläufe erschließen, obgleich dies mitunter ein recht kostspieliges Unternehmen sein kann, wenn die vorhandenen Wasseradern besonders tief liegen. Sie brauchen einen Brunnenbauer, der fachgerecht Ihre Wasserversorgung herstellt. Dabei ist zu berücksichtigen, dass nicht jedes Grundwasser auch von einwandfreier Qualität ist. Es lohnt sich, zuerst eine Probe davon zur Untersuchung einzuschicken.

WASSER VON AUSWÄRTS

Wer nur zwei, drei Pferde im Offenstall hält, kann notfalls das Wasser täglich herbeiführen. Dabei muss man aber bedenken, dass allein für zwei Pferde schon täglich zwischen 50 und 100 Liter Wasser benötigt werden. Mit einem durchschnittlichen PKW kann man dabei schon in Schwierigkeiten kommen.

Tränkewagen sind seit jeher auf Kuhweiden üblich gewesen. Sie ermöglichen es, auch größere Wassermengen für einige Tage heranzuschaffen. Sie sind mit Tränkeauslässen versehen. Allerdings benötigen Sie dann einen Traktor, um den Tränkewagen zu transportieren, oder müssen diesen von anderen transportieren lassen. Im Sommer wird das Wasser im Behälter sehr schnell warm und schal und damit nicht sonderlich bekömmlich. Enthält es Keime, vermehren sich diese rapid. Der Tränkewagen müsste darum unbedingt an einem schattigen Platz aufgestellt werden. Im Winter wieder kann das Wasser im Tränkewagen schnell einfrieren. Eine natürliche Wasserquelle an Ort und Stelle bietet hier gewiss große Vorteile und ist als die optimale Lösung für einsam gelegene Offenstallhaltungen anzusehen.

Hügeliges Gelände eröffnet meist die Möglichkeit, das Wasser ohne Pumpe an die Oberfläche zu bringen und in ein Tränkebecken zu leiten. So ist das Wasser ständig in Bewegung: Neues und kühles fließt zu, anderes ab. Im Winter frieren solche Tränkebecken darum auch nicht so schnell ein. Ein kleiner, nutzbarer Bereich bleibt am Zufluss stets offen. An besonders kalten Tagen kann man im weiteren Trogbereich die Eisdecke auch aufhacken und entfernen, damit mehrere Pferde nebeneinander trinken können. Üblicherweise gehen nämlich Pferde gern in Gruppen zur Tränke.

Die ganz ideale Lösung: Tränkebottiche mit durchfließendem Quellwasser bereiten auch im Winter keine Probleme. Sie kommen dem üblichen Trinkverhalten des Pferdes am besten entgegen.

SELBSTTRÄNKEN

Vorausgesetzt, dass Wasser vorhanden ist, erhebt sich noch die Frage, in welcher Weise es angeboten werden soll.

Wie pferdegerecht sind Selbsttränken?

Die heute in Boxen üblichen Selbsttränken stellen auch im Offenstall eine der Möglichkeiten dar. Allerdings wird man bei einer größeren Offenstallherde kaum mit einer einzigen Selbsttränke das Auslangen finden. Jedoch sind Selbsttränken zwar sehr nützlich, aber eigentlich absolut untypisch mit Blick auf natürliches Pferdeverhalten. Pferde wollen nämlich beim Trinken gern aus dem Vollen schöpfen. Von ihrer Natur her wünschen sie eine reiche Wassermenge, in die sie ihr Maul vorsichtig tauchen und aus der sie in vollen Zügen trinken können. Die spärlichen dünnen Gerinne der Selbsttränken entsprechen dem überhaupt nicht.

Sobald die Tiere sich sattgetrunken haben, kommt noch das, was wie ein Zähneputzen aussieht. Sie füllen ihr Maul mit Wasser, ohne es abzuschlucken, behalten es vielmehr eine ganze Weile im Maul, um es dann langsam wieder herauszulassen. Unsere Pferde kommen manchmal mit diesem Maulvoll Wasser von der Quelle bis zu uns herüber, und wenn wir nicht gut aufpassen, entleeren sie ihren Maulinhalt dann auch über uns.

PFERDEGERECHTE TRÄNKEN

Das von der Natur vorgezeichnete Verhalten - in langen Zügen trinken und dann das Maul ausspülen - kann bei Selbsttränken nicht ausgelebt werden. Hier ist vielmehr viel Geduld gefragt, um zu der nötigen Wassermenge zu kommen. Manche Pferde bringen diese Geduld nicht auf und sind deshalb ständig mit Wasser unterversorgt. Sinnvoller sind da schon selbst gebastelte große Tränkebecken, die mehrere Liter Wasser fassen und die Wasserzufuhr mittels Schwimmer wie eine Klosettspülung regeln. Hier können die Pferde ausreichende Wassermengen aufnehmen.

Welche Alternativen gibt es?

Tränketröge kommen den Wünschen der Pferde natürlich am besten entgegen. Wenn gar noch das Quellwasser ständig durch diesen Trog hindurchfließt, ergibt sich eine nahezu perfekte Trinkgelegenheit für Freund Pferd. Wo sich solch eine Möglichkeit bietet, sollte man sie unbedingt nützen.

Ein langer Trog hat auch den Vorteil, dass die Pferde, wie sie es gern tun, in Gruppen gleichzeitig zur Tränke gehen und nebeneinander trinken können.

Solche Tränken bereiten auch in der kalten Jahreszeit keine Schwierigkeiten. Hat man sich aber auf Selbsttränken beschränkt, muss man davon die beheizbaren Modelle wählen.

Bottiche, Regentonnen oder Mörtelkästen mit Wasser zu füllen, die irgendwo in der Koppel aufgestellt werden, ist eine brauchbare Möglichkeit, wenn man darauf achtet, dass stets frisches und unbedingt sauberes Wasser in ausreichender Menge vorhanden ist. Wo es möglich ist, Wasser zu wärmen, kann man im Winter das Einfrieren dadurch verhindern, dass man in diese Behälter kleine Mengen heißen Wassers zugießt. Allerdings müssen diese Behälter so gut angebracht sein, dass sie nicht umgestoßen werden können.

Tränken jedweder Art sind sinnvollerweise nicht im Unterstand, sondern außen an der Stallwand oder besser noch in einiger Entfernung vom Unterstand angebracht. So verhindert man, dass sie schnell mit Futterresten verschmutzt werden, weil die Pferde, bis sie die Tränke erreichen, meist schon alles Futter abgeschluckt haben.

BELEBTES WASSER

Es gibt heute Möglichkeiten, die Wasserqualität durch gewisse Vorrichtungen zu verbessern. Wir persönlich haben beste Erfahrungen mit der Wasserverbesserung in unserer Tränke mittels Grander-Technologie gemacht. Die Erfahrung aus anderen landwirtschaftlichen Bereichen lehrt, dass Tiere bei so behandeltem Wasser mehr und lieber trinken, dass das Wasser bekömmlicher ist und auch die überall vorhandenen Keime nicht greifen können. Selbst der Mensch bemerkt, wenn er so aufbereitetes Wasser trinkt, den Unterschied, und Blumen, bei denen es bekanntlich keinen Placebo-Effekt gibt, erfreuen mit reicherem Blütenflor.

Das Vorhandensein von einwandfreiem Wasser in ausreichender Menge ist für eine Offenstallhaltung ganz entscheidend. Wo dies nicht vorhanden ist, sollte man auch keine Pferdehaltung errichten. Der tägliche Wasserbedarf liegt pro Pferd zwischen 20 und 50 Liter. Das Wasser kann über Selbsttränken, Bottiche, Tränkewagen oder Tröge mit durchfließender Quelle dargeboten werden. Die letztere Lösung ist für Pferde die optimale.

BELEUCHTUNG

Wo die Offenstallhaltung im Bereich anderer Gebäude errichtet wird, ist üblicherweise ein Anschluss an das Stromnetz bereits vorhanden oder ohne Schwierigkeiten möglich. Wer eine Haltung in Einzellage errichtet, hat es wesentlich schwerer. Der Anschluss an das oft viele hundert Meter oder gar Kilometer weit entfernte öffentliche Stromnetz ist dann meist unerschwinglich.

Wozu brauche ich überhaupt elektrischen Strom?

Die Frage, ob man in der Offenstallhaltung auf Elektrizität überhaupt verzichten kann, ist nicht ganz einfach zu beantworten. Ganz gewiss kann der in einer Offenstallhaltung arbeitende Mensch auf die elektrische Kaffeemaschine, den Wasserkocher, den Kühlschrank oder das Fernsehgerät verzichten. Diese Errungenschaften der Zivilisation lassen sich leicht durch andere Techniken ersetzen oder sind überhaupt unnötig.

Anders sieht die Sache beim Licht aus. Ganz richtig denkt man, dass ja auch die Tiere sehr gut ohne elektrisches Licht auskommen können, warum dann der Mensch nicht? Man erledigt alle anfallenden Arbeiten wie Ausmisten und Füttern eben tagsüber solange es hell genug ist.

Leider aber kann die betreuende Person gelegentlich auch tagsüber verhindert sein. Oder es erkrankt gar ein Pferd zu später Stunde, muss behandelt oder sogar der Tierarzt gerufen werden. Hier ganz im Dunkeln zu tappen ist gewiss nicht zumutbar. Zwar sind Tierärzte in weiser Voraussicht auch mit entsprechendem Licht ausgestattet, trotzdem reicht das für die betreuenden Maßnahmen nicht immer aus. Eine Tierhaltung ganz ohne Licht ist also sicher nicht ganz ideal.

BATTERIESTROM

Die Erfindung des elektrischen Lichts liegt ja noch gar nicht so weit zurück. Und auch schon all die Jahrhunderte, ja Jahrtausende hatte der Mensch Möglichkeiten zur Hand, die Nacht zu erhellen. Allerdings sind Kerzen, Kienspäne, ja selbst Petroleumlampen nicht die ideale Lösung, wenn man bedenkt, wie schnell Heu und Stroh Feuer fangen können.

Die moderne Zeit hat uns jedoch auch noch mit anderen Möglichkeiten der Lichtbeschaffung versehen. So gibt es ausgezeichnete Lampen, die wie die Taschenlampen mit Batterien betrieben werden, aber praktischerweise an der Wand befestigt werden können. Mehrere solche Lampen an den wichtigsten Stellen angebracht, können im Bedarfsfall schon recht hilfreich sein.

Denkt man an die Autobeleuchtung, so kann man diese Version zu einer recht ordentlichen Erhellung des Stalles nutzen. Eine alte Autobatterie, am besten von einem LKW oder Traktor, die wohl bereits zu schwach ist, um ein Fahrzeug in Betrieb zu setzen, gibt noch immer genügend Strom ab, um mehrere Lampen von 12 Volt zu erhellen. Wer über ein Batterieladegerät verfügt, kann diese Batterien auch noch einige Male nachladen, ehe sie gänzlich ihren Geist aufgeben. Und wenn man sein Interesse im Bekanntenkreis überall kundtut, wird auch der Nachschub an weiteren entsprechenden Batterien ganz gut funktionieren.

FOTOVOLTAIK-ANLAGEN

Leider haben diese Batterien die Tendenz, immer gerade im entscheidenden Augenblick oder zur ungünstigsten Jahreszeit ihren Geist aufzugeben. Wenn man nun eine schwere Traktorbatterie im strömenden Regen oder gar durch hohe Schneewechten zu seinem Auto schleppen muss, um sie daheim nachzuladen, beginnt man allmählich darüber nachzudenken, ob es nicht eine bessere Möglichkeit gäbe, die einem das ständige Vorhandensein von Licht sommers und winters garantiert.

Und in der Tat, diese Möglichkeit gibt es, seit die Fotovoltaik immer mehr und mehr verbessert wird. Was noch vor zehn, fünfzehn Jahren für den Durchschnitts-Offenstallbesitzer kaum erschwinglich war, ist nun durchaus machbar. Wer allerdings mit dieser Technik nun Strom auch für allerlei Geräte wie Kaffeemaschine, Staubsauger oder Fernsehapparat erzeugen will, wird trotzdem ganz schön tief in die Tasche greifen müssen. Wer hingegen nur seine Stallbeleuchtung über eine kurze Zeit hinweg damit betreiben will, kann mit Kosten um die 500 oder 600 Euro durchkommen, vorausgesetzt, er macht die Installationsarbeiten selbst. Doch das ist keine Hexerei. Die Möglichkeit, Sonnenlicht tagsüber zu speichern und in der Nacht zu nutzen, erscheint wie das Ei des Kolumbus. Wer jedoch eine jederzeit funktionierende Fotovoltaik-Anlage zur Verfügung haben möchte, muss sich nicht nur etwas mehr in die Materie vertiefen, er muss auch wissen, was er an Lampen, Elektrozaun und etwa noch anderen Zuschaltungen haben möchte. Und dann sollte er auch Preisvergleiche machen, weil solche Anlagen von verschiedenen renom-

Fotovoltaik heißt die Lösung für Offenstallhaltungen, die über keinen Anschluss an das öffentliche Stromnetz verfügen.

mierten Firmen angeboten werden. Für den Anfang sollte man sich zunächst einmal nur auf Stallbeleuchtung und Elektrozaun beschränken. Die Anlage kann später immer noch erweitert werden, wenn man unbedingt auch noch Kühlschrank, Elektrokocher und anderen Luxus zuschalten will.

Allgemein üblich sind zehn Jahre Garantie, das ist schon sehr erfreulich und ein Beweis dafür, dass man hier Gediegenes erwirbt. Zum Glück wurde die Technik immer weiter verfeinert und ist dadurch auch im Preis erschwinglicher geworden.

Was benötige ich für eine funktionierende Fotovoltaikanlage?

- Ein Fotovoltaik-Element (Sonnenpaneel, Modul), das aus dem Sonnenlicht Strom erzeugt,
- eine Pufferbatterie mit einem Regler, welche die gewonnene Energie speichert,
- die entsprechenden Lampen oder Geräte (12 Volt),
- eine Erdung, eventuell extra noch einen Blitzschutz.

Wo montiere ich die Fotovoltaikanlage?

Das Fotovoltaik-Element muss an einem den ganzen Tag über sonnigen Platz gegen Süden ausgerichtet aufgestellt werden, selbstverständlich außerhalb der Reichweite der Pferde. Geeignet sind Wandbereiche über 2,50 Meter, besser noch das Dach. In sehr sturmanfälligen Gegenden würden wir jedoch von der Montage auf dem Dach abraten.

Die optimale Leistung erzielt das Paneel, wenn die Sonne in einem Winkel von 90 Grad auftrifft. So wäre also im Winter eine sehr steile Stellung (60 Grad), im Sommer eine möglichst flache (30 Grad) notwendig. Man kann dies erreichen, indem man die Befestigung verstellbar macht. Allerdings ist das meist nicht nötig. Wenn man von vornherein die Paneelgröße auf den Winterbetrieb ausgerichtet hat, kann man ohne weiteres auch mit einer mittleren Stellung oder einer etwas näher zur Winterstellung gelegenen oder überhaupt der Winterstellung von 60 Grad auskommen. Da die Ausbeute im Sommer ohnedies größer ist, fällt die nicht ganz ideale Stellung da nicht sonderlich ins Gewicht.

Die heutigen Fotovoltaikanlagen sind nicht mehr auf Sonnenlicht angewiesen. Sie funktionieren auch bei gewöhnlichem Tageslicht an bedeckten Tagen und sogar bei Regenwetter. Sogar während der Dämmerung erzeugen sie noch Strom, jedoch in geringeren Mengen. Die ideale Ausbeute bringen sie natürlich an Sonnentagen. Und je länger der Tag ist, desto größer die Ausbeute. Da leider die Tage mit der schlechteren Ausbeute gerade in jene Zeit fallen, in der man mehr Licht benötigt, muss man bei der Berechnung unbedingt von den Wintererfordernissen ausgehen!

Wozu dient die Pufferbatterie?

Die Batterie dient als Vorratsspeicher. Sie konserviert nicht nur die tagsüber gewonnene Energie für die dunklen Abendstunden, sie kann auch, wenn sie entsprechend dimensioniert ist, über mehrere Schlechtwettertage hinweghelfen. Darum sollte man bei Anschaffung der Pufferbatterie nicht sparen, sondern eine entsprechende Kapazität wählen.

Selbstverständlich kann man auch Autobatterien verwenden. Aber die speziell zu Fotovoltaikanlagen mitgelieferten Batterien sind auf die entsprechenden Anforderungen hin konzipiert und haben deshalb auch eine längere Lebensdauer von bis zu zehn Jahren.

Die besten Leistungen erbringt die Fotovoltaikanlage bei 25 Grad Celsius. Darüber hinaus fällt ihre Leistung ebenso ab wie bei niedrigeren Temperaturen. Sehr tiefe Temperaturen senken im Winter die Kapazität der Batterie. Und das ist ein wunder Punkt, denn in Offenstallhaltungen kann es im Winter schon ganz schön kalt sein. Keinesfalls darf die Batterie im Freien aufgestellt werden. Am sichersten ist sie in einem der Vorratsräume untergebracht und in einem Schaumstoffgehäuse oder ähnlichem vor der ärgsten Temperaturschwankung geschützt.

Zur Batterie gehört auch ein Regler, der nicht nur die optimale Ladespannung regelt, sondern auch verhindert, dass die Batterie zu stark entladen wird oder sie sich über das Fotovoltaikelement entlädt. Auf diesen Regler kann auf keinen Fall verzichtet werden. Hier würde man am falschen Platz sparen.

Da schon wegen der Batterie in diesem Fall mit 12 Volt gearbeitet wird, müssen auch Lampen und Geräte dafür passend sein. Das ist heute zum Glück kein Problem mehr.

Wie groß muss die Anlage ausgelegt werden?
Wie groß das Modul, der kostspieligste Teil der Anlage, dimensioniert werden muss, hängt ausschließlich davon ab, wie viel Strom benötigt wird. Je weniger Sie brauchen, desto billiger wird die Anlage. Kalkulieren Sie also ganz genau, und legen Sie fest, was wirklich nötig ist und worauf Sie verzichten können.

Vermutlich wollen Sie einen Elektrozaun versorgen, der jedoch relativ gering im Verbrauch, andererseits aber rund um die Uhr in Betrieb ist. Elektrozäune verbrauchen im Durchschnitt 1,44 Watt in der Stunde, das macht 34,56 Wattstunden am Tag. Dies ist vermutlich der kleinste Posten in Ihrer Bedarfsrechnung.

Unbedingt nötig ist auch noch die entsprechende Beleuchtung. Wie viele Lampen Sie benötigen, hängt ganz von Ihren Räumlichkeiten ab. Für den Offenstall selbst findet man in der Regel mit einer, höchstens zwei 10-Watt-Lampen das Auslangen. Es gibt übrigens auch für die 12-Volt-Spannung Stromsparlampen. Ihre Anschaffung rentiert sich.

Vielleicht benötigen Sie auch noch im Futtervorratsraum und in einer eventuell vorhandenen Box eine Lampe. Diese werden vermutlich nicht während Ihrer gesamten Aufenthaltszeit in Betrieb sein. Entscheidend ist überhaupt, wie lange Sie täglich das Licht benötigen, und zwar Wintertage als Maß genommen. Geht es nur darum, schnell Mist zu entfernen und zu füttern, wird dies kaum länger als eine halbe bis eine ganze Stunde dauern. Wollen Sie sich aber länger dort aufhalten, müssen Sie das selbstverständlich auch in Ihrer Berechnung berücksichtigen. Wenn Sie Lampen zu 10 Watt nehmen, sind das bei vier Lampen und einstündiger Benützung im Tag 40 Wattstunden, bei dreistündiger Benützung jedoch 120 Wattstunden. Berücksichtigen Sie dabei auch die Leistung der einzelnen Paneelgrößen! Lieber um eine Lampe weniger verwenden als noch ein weiteres Modul kaufen zu müssen.

Variation eins:
Sie wollen ein Zaungerät 24 Stunden pro Tag versorgen sowie vier 10-Watt-Lampen durchschnittlich anderthalb Stunden pro Abend brennen. Dazu benötigen Sie:

Zaungerät	*34,56 Wh/Tag*
vier Lampen	*60,00 Wh/Tag*
Summe	*94,56 Wh/Tag*

Für diesen Bedarf genügt ein 100-Wp-Modul, das sogar im Januar noch 100 Wattstunden liefern sollte.

Variation zwei:
Sie entschließen sich, nur zwei Lampen zu 10 Watt zu verwenden und nur eine Stunde im Tag zu nützen

Zaungerät	*34,56 Wh/Tag*
zwei Lampen	*20,00 Wh/Tag*
Summe	*54,56 Wh/Tag*

Wenn Sie sich nun bereit sind, sich in der dunklen Jahreszeit mit der Arbeit etwas zu beeilen, könnten Sie auch mit einem 50-Wp-Modul auskommen. Diese Module haben ohnedies bei den einzelnen Firmen nicht genau 50 Wp sondern zwischen 53 und 56 Wp.

Solch ein Modul hat die Ausmaße von etwa 1300 x 330 x 36 Millimeter und wiegt rund 5,7 Kilogramm.

Wie sicher ist meine Anlage?

Da die Leitungen in der Regel offen verlegt werden, andererseits aber in einer Pferdehaltung ringsum Heu, Stroh und Sägespäne gelagert oder auch nur verstreut sind, bestünde Brandgefahr, wenn sich zum Beispiel zwei Drähte berühren. Deshalb ist es unbedingt nötig, bei der Batterie eine Sicherung, wie sie für Autoradios verwendet wird, einzubauen, die in solchem Fall die Stromführung sofort unterbindet. Das wird zwar in keiner der uns bekannten Bauanleitungen erwähnt, ist aber unbedingt nötig.

Welche Servicearbeiten sind nötig?

Ihr privates E-Werk benötigt eigentlich nur ein Minimum an Pflege. Damit das Modul immer optimal arbeiten kann, sollte es möglichst sauber gehalten werden. Das heißt, dass es von Zeit zu Zeit vom Staub befreit werden muss, und dass im Winter der Schnee davon entfernt werden muss.

Die Kontakte an der Batterie sind in einem Offenstall natürlich auch unter Dach stark der Luftfeuchtigkeit ausgesetzt und korrodieren leicht. Deshalb sollten sie von Zeit zu Zeit mit einem feinen Schmirgelpapier gesäubert werden. Falls Ihr Solarlicht überraschenderweise den Geist aufgibt und Sie abends plötzlich ohne Licht dastehen, sind fast immer korrodierte Kontakte schuld, die einfach keinen Strom mehr in die Batterie gelassen haben. Es könnte auch sein, dass ein abgebrochener Ast oder in den Elektrozaun hineinwachsende Pflanzen einen Erdschluss verursachen und so zur Entladung führen.

Ganz ohne Beleuchtung kann man auch in einem Offenstall kaum auskommen. Wo kein Anschluss an das öffentliche Stromnetz vorhanden ist, behilft man sich mit Batterielampen oder 12-Volt-Lampen, die von einer alten Autobatterie gespeist werden. Die eleganteste, angenehmste, dauerhafteste, aber nicht ganz billige Lösung ist jedoch die Verwendung von Solarstrom. Mittels eines Fotovoltaik-Moduls wird durch Sonnen- und Tageslicht Strom erzeugt und in einer Pufferbatterie gespeichert.

LAGERRÄUME

Mit einem Unterstand oder Stall für die Pferde allein ist es leider nicht getan. Um eine Offenstallhaltung korrekt führen zu können, sind auch Lagerräume für das Futter nötig.

Nur dort, wo eine Offenstallhaltung in einen anderen Betrieb integriert ist, kann man auf diese Räumlichkeiten verzichten. Wer seine Pferde abseits von anderen Pferdehaltungen untergebracht hat, kommt um die Errichtung entsprechender Lagermöglichkeiten nicht herum.

BEDARF, AUSMASS UND GESTALTUNG

Sie werden kaum die Absicht haben, das Futter für Ihre Pferde täglich über eine weitere Strecke heranzuliefern. Darum benötigen Sie die Möglichkeit, einen entsprechenden Vorrat zu lagern. Je weiter entfernt Ihre Haltung von der „Zivilisation" ist und je witterungsabhängiger der Zuweg, desto größer muss der Vorrat sein. Sonst könnte es passieren, dass Sie eines schönen Wintertags völlig eingeschneit sind, der Zuweg mit meterhohen Wechten absolut unpassierbar ist, und Sie ohne ein Hälmchen Heu dastehen.

Der Vorrat sollte zumindest für zwei Wochen reichen. Im Winter erscheint aber ein Vorrat für vier Wochen sicherer, vor allem wenn man in schneereichen Gegenden daheim ist. Und zwar sollte der Vorrat sowohl die entsprechende Menge an Heu, an Kraftfutter, aber auch an Einstreu beinhalten.

Wenn eines der Tiere regelmäßig Medikamente nehmen muss, ist auch davon ein entsprechender Vorrat vonnöten.

Welche Anforderungen werden an den Lagerraum gestellt?

Der Lagerraum muss so trocken wie möglich sein. Kein Naturboden! Am besten lagert man die Futtermittel auf Paletten, auch das Heu, damit es unten nicht stockig wird. So kann die Luft unten durchziehen. Die Wände und Türen müssen dicht sein, damit im Winter kein Schnee hereingeweht werden kann.

Die Größe des Lagerraumes richtet sich in erster Linie nach der Anzahl der Pferde. Kauft man Heu gleich nach der Ernte auf Vorrat auch schon für den Winter, muss der Lagerraum entsprechend größer sein. Heu in Ballen von 15 bis 20 Kilogramm ist am leichtesten zu schichten und hält auch gut die Qualität, weil durch die schmalen Zwischenräume zwischen den einzelnen Ballen immer die Luft zirkulieren kann.

Im Lagerraum muss auch eine Waage vorhanden sein, denn es empfiehlt sich zu Kontrollzwecken die täglichen Heumengen abzuwiegen. Da es nicht auf Gramm ankommt, genügt eine Federwaage. Wird Kraftfutter erst zusammengemischt, muss auch bei gut gefülltem Lagerraum eine gewisse Bewegungsfreiheit vorhanden sein. Jedenfalls empfiehlt es sich, den Lagerraum eher zu groß als zu klein zu dimensionieren.

Pferde neigen dazu, sich selbst zu bedienen, wenn sich die Möglichkeit bietet. Selbst wenn sie soeben eine ausgiebige Mahlzeit hinter sich haben, nützen sie jede Gelegenheit, an weiteres Futter zu kommen. Aus diesem Grund müssen Lagerräume immer so gut verschlossen sein, dass Pferde nicht hineingelangen können.

Wenn Sie gezwungen sind, Heu und Stroh im Freien zu lagern, sollten Sie dies niemals innerhalb der Umzäunung tun, sondern außerhalb, in sicherer Entfernung vom Zaun und möglichst im Windschutz von Gebäuden oder Buschwerk. Solche Tristen müssen unbedingt auf Paletten gelagert werden, will man nicht die unterste Ballenreihe verderben lassen. Gegen Feuchtigkeit von oben schützen wasserdichte Planen. Es gibt heute sehr feste Planen, die erschwinglich sind und mit denen man diese Tristen absolut wetterfest abdecken kann. Ösen in der Plane ermöglichen es, diese Planen so festzuzurren, dass auch bei starken Winterstürmen nichts passieren kann.

Wer sie noch zusätzlich sichern will, legt Schweres obenauf, etwa alte Autoreifen oder gewichtige Metallgegenstände. Auch wenn Sie keine handlichen Ballen, sondern nur Großballen in runder oder eckiger Form auftreiben können, die einfach nicht in Ihren Lagerraum hineinpassen, ist diese Lagermöglichkeit durchaus machbar.

Wenn es allerdings um Ihre persönliche Bequemlichkeit geht, sind im Lagerraum gestapelte Ballen vor allem bei Schlechtwetter müheloser zu verarbeiten. Im Freien gelagerte Ballen bescheren Ihnen nicht nur einen weiteren Zuweg, der bei Schlechtwetter besonders ins Gewicht fällt, Sie müssen auch die wettersichere Verpackung Ihres Vorrates jedes Mal vorsichtig öffnen und nach Entnahme wieder peinlich genau und sicher verschließen. Das erfordert wieder entsprechenden Zeitaufwand.

VERSCHLÜSSE

Weil die Verwahrung von Futtermitteln ganz besonders wichtig ist, wollen wir an dieser Stelle ein wenig über pferdesichere Verschlüsse reden. Pferde haben die Tendenz, jederzeit auf der Suche nach Fressbarem zu sein, denn sie sind eigentlich von der Natur als Dauerfresser konzipiert. Da sie aber in unserer Zivilisation das reichlich vorhandene, meist auch schon besonders vorgerichtete Futter viel schneller verzehren können als dies der Fall wäre, wenn sie frei lebend hinter jedem Grashalm her sein müssten, sind ihre von der Natur vorprogrammierte Fressdauer und die tatsächliche Fressdauer nicht ganz in Einklang zu bringen. Die Folge ist eben, dass sie sich ständig auf der Suche nach Kaubarem befinden. Und Pferde wissen haargenau, wo ihr Futter aufbewahrt wird. Sie wissen, aus welcher Tür Sie mit dem Arm voll Heu oder dem Futterkübel erscheinen, sie riechen aber auch durch verschlossene Türen und Holzwände hindurch den verlockenden Duft aromatischen Heus.

Pferde, zumindest viele von ihnen, sind auch Meister im Öffnen von Verschlüssen. Sie tun dies sowohl spielerisch wie auch ganz zielgerichtet. Selbst die kunstvollen Verschlüsse der im einschlägigen Handel angebotenen Futtermitteltonnen stellen für die meisten kein unüberwindbares Hindernis dar.

Wir kamen eines Tages relativ spät von der Heuarbeit zurück und machten uns auf dem Heimweg schon Sorgen, dass unsere Stute nun so lange hat auf ihr Futter warten müssen. Wir hätten uns diese Sorgen sparen können. Wir fanden daheim nur mehr drei Viertel unserer Stute vor. Der Rest steckte im Heulagerraum, bei dem sie einfach ein mit Holzfaserplatte verkleidetes niedrig gelegenes Fenster eingedrückt hatte und nun genüsslich ihr selbstbeschafftes Abendessen verzehrte.

Ein andermal kehrten wir mit einer Stute von der Deckstation zurück. Wir besprachen schon unterwegs, wie wir es anstellen wollten, die Stute in die Offenstallhaltung hineinzuführen, ohne dass gleich alle anderen Herdenmitglieder über sie herfielen. So beschlossen wir, einen Hintereingang zu benützen. Die Gelegenheit schien günstig. Offensichtlich hatte niemand unsere Ankunft bemerkt. Wir öffneten die Hintertür und ließen die Stute schnell in die Koppel. Doch die nun erwartete stürmische Begrüßung mit anschließendem Herumgerenne blieb aus. Wo waren die sieben anderen Pferde? Wir fanden sie im Heustadel, dessen viele kunstvollen Verschlüsse sie systematisch, vermutlich in Teamarbeit, bezwungen hatten und wo sie nun gierig von unserem Heuvorrat fraßen, was das Zeug hielt.

Eine unserer Mitarbeiterinnen traf des Vormittags auf einem Reiterhof ein. Kein Mensch weit und breit zu sehen, der Stall leer, weil alle Pferde auf der Koppel waren. Nur im Hof erblickte sie ein Pferd ohne Kopf. Es steckte bis zum halben Hals in einer Hafertonne, dessen Deckelverschluss es ohne nennenswerte Schwierigkeiten geknackt hatte. Wäre unsere Mitarbeiterin nicht dort eingetroffen, hätte der Reitstallbesitzer das Pferd wohl einige Stunden später mit einer Magenzerreißung oder im harmloseren Fall mit einer schweren Kolik vorgefunden.

Aber es gibt sogar Pferde, die aus purem Schalk sich mit Verschlüssen sehr erfolgreich befassen. Ein Bekannter wunderte sich, dass er allmorgens seine sämtlichen Pferde im Stall herumwandernd vorfand. Alle Boxentüren standen offen und das Licht brannte. Ein übel wollender Nachbar wurde schnell als Täter verdächtigt. Deshalb legte sich unser Freund nächtens auf die Lauer. Möglichst bewegungslos kauerte er in einer dunklen Nische. Nichts tat sich zunächst. Die Pferde kauten an ihrem Futter. Sonst war nicht das geringste Geräusch zu hören. Doch dann, gute zwei Stunden später, hörte er es klappern. Noch fand er es zu früh, sich auf den vermuteten Eindringling zu stürzen, und harrte der Dinge, die da kommen sollten. Er hörte, wie eine Boxentür geöffnet wurde. Dann ging das Licht an. Und da konnte er den Übeltäter in voller Größe erkennen: Es war sein Haflingerwallach, der zuerst seine eigene Boxentür geöffnet und anschließend das Licht angeschaltet hatte. Vermutlich um beim Nachfolgenden besser zu sehen. Denn nun öffnete er systematisch auch die anderen Boxentüren und das nächtliche Spiel in der Stallgasse und dem Stallvorraum begann.

Gibt es absolut pferdesichere Verschlüsse?
Wie schon diese Beispiele verraten: den absolut pferdesicheren Verschluss gibt es nicht, ebenso wenig wie es den absolut pferdesicheren Koppelzaun gibt. Und wo es Pferden einmal gelungen ist, durch eine Tür an Futter zu gelangen, werden sie dies an ebendieser Stelle immer wieder versuchen. Oft schon hat man einen Verschluss als absolut pferdesicher angesehen und wurde doch schließlich eines Besseren belehrt.

Gegenüber Pferden, die in einer Box leben, haben die frei herumgehenden Pferde des Offenstalles natürlich noch wesentlich mehr Möglichkeiten ihre Entriegelungskünste auszuüben. Volle 24 Stunden stehen ihnen jeden Tag dafür zur Verfügung. Sie

Lagerräume, auch wenn es sich nur um den Sägespänesilo handelt, sollen immer gut verschlossen sein, wenn sie sich innerhalb des Lebensraumes der Offenstallpferde befinden.

haben Zeit, Lösungen zu finden, Lösungsmöglichkeiten auszuprobieren. Aber nicht nur durch kluges und bewusstes Handeln gelingt es ihnen, Verschlüsse zu öffnen, vieles geschieht auch unbeabsichtigt ganz einfach durch Scheuern, Dranlehnen, ist eine Folge von Gerangel oder einfachem Wälzen.

So sind zum Beispiel Riegel, die man ganz allgemein für recht stabile Verschlüsse hält, sehr stark durch Scheuern oder durch bloßes daran Vorbeistreifen gefährdet. Auch schräg angebrachte Riegel, die allein schon durch die Schwerkraft in ihrer Stellung fest gehalten werden sollten, sind auf diese Weise schon unzählige Male geöffnet worden. Jene Metallklappe am Ende des Riegels, die heruntergeklappt verhindern soll, dass der Riegel aufgeschoben werden kann, wird oft durch bloßes Herumspielen mit den Lippen ganz zufällig außer Gefecht gesetzt. Und auch die besonders stabil anmutenden Riegel können verbogen werden, wenn sich Pferde allzu heftig scheuernd dagegendrücken. Dann besteht nicht nur die Gefahr, dass die Tür aufgeht, sondern ebenso gut kann es sein, dass sie hernach nicht mehr zu öffnen ist.

Ein sicherer Verschluss wäre eine Kette mit massiven Gliedern, die einerseits durch die Tür und andererseits um den Türstock geschlungen wird. Bei massiven Bauten müssten zu diesem Zweck extra Löcher gebohrt werden, um die Kette hindurchführen zu können. Diese Kette müsste dann mit einem kräftigen Schloss versehen werden. Wir würden aber von einem Schloss abraten, für das ein Schlüssel nötig ist. Wenn Sie aus Versehen den Schlüssel daheim vergessen haben, dürfen Sie noch einmal nach Hause zurückkehren. Auch die beliebten Schlüsselverstecke garantieren nicht, dass der Schlüssel im entsprechenden Augenblick auffindbar ist. Ein Zahlenschloss ist da schon vorteilhafter. Da können Sie sogar die Nummerkombination unbesorgt in Blickweite der Pferde notieren. Allerdings benötigen Sie auch ausreichende Helligkeit, um die Ziffern auf dem Schloss erkennen zu können. Wenn die Kette hingegen nicht durch die Tür gezogen und um den Türstock geschlungen werden kann, sondern nur durch außen angebrachte Haken gezogen oder um Nägel gehängt wird, ist die Sicherheit schon wesentlich weniger garantiert.

Massive Balken oder stabile Metallstangen quer über die ganze Türbreite, die rechts und links in starke Metallmanschetten eingeschoben oder breite u-förmige Metallhaken eingehängt werden, erscheinen sehr stabil, doch sind sie schon oft durch Scheuern aus ihren Befestigungen geschoben oder gehoben worden.

Ein fester Türverschluss ist gut, zwei feste Türverschlüsse sind besser, und drei feste Türverschlüsse sollten immerhin imstande sein, Türen von einer Kontrolle bis zur nächsten zu sichern.

Riegel und Kette wären eine solche zweckmäßige Kombination. Auch die so vielseitig verwendbaren Ballenschnüre können als Türsicherung eingesetzt werden. Mehrere Schnüre, zu festen Zöpfen geflochten, haben eine ähnliche Funktion wie Ketten und überdauern mehr als ein ganzes Jahr, ehe sie erneuert werden müssen. Wo es Fohlen gibt, muss allerdings von solchen Schnurverschlüssen abgeraten werden. Fohlen saugen an allem, was nur annähernd dafür geeignet erscheint, und Ballenschnurzöpfe erfreuen sich dabei besonderer Beliebtheit.

So Sie mehrere Verschlüsse verwenden, sollten Sie diese nicht alle in gleicher Höhe anbringen. Die Türen werden stabiler gesichert, wenn sie in mehreren Höhen verschlossen sind, etwa eine Kette in Augenhöhe und ein Riegel in Kniehöhe.

Durch Dagegenlehnen und Scheuern werden nicht massiv genug ausgewählte Angeln verbogen und Türen auf diese Weise leicht eingedrückt. In diesem Fall würden selbst die sichersten Verschlüsse ihre Wirkung verfehlen.

Sie sehen, einbruchsichere Türen sind nicht nur ein Problem bei menschlichen Behausungen.

Jede Offenstallhaltung benötigt einen Lagerraum oder eine Lagermöglichkeit für Futtervorräte, die zumindest den Bedarf von zwei Wochen abdecken. Die Lagerplätze müssen witterungsgeschützt, trocken und vor allem für Pferde garantiert unerreichbar sein.
Futtermittel, Werkzeuge und andere heikle Gegenstände müssen in einem pferdesicher verschlossenen Raum aufbewahrt werden.

DAS PROBLEM MIT DEM MIST

Der Pferdemist, im Garten vor allem für die Rosen seit jeher sehr geschätzt, bereitet den Pferdehaltern in zunehmendem Maße Probleme. Da sind zunächst die Fragen zur Mistlagerstätte: Wo? Wie groß? Welche Vorschriften?, und dann die ebenso wichtige Frage: Wohin im Endeffekt mit dem Mist? Wer keine eigenen Ländereien besitzt, hat es nämlich gar nicht so einfach, dieses Abfallprodukt seiner Pferdehaltung auch loszuwerden. Die Zeiten, wo Gärtner und Landwirte sich um den Inhalt der Mistlagerstätte geradezu rissen, sind vorbei. Der Mist müsste von Landwirten erst abgeholt und ausgebracht werden, doch verfügen die meisten selbst über ausreichende Mistmengen, so dass sich solch ein zusätzlicher Arbeitsaufwand gar nicht lohnt. Tierlose Betriebe könnten eher daran interessiert sein, doch verfügen sie in der Regel nicht über die nötigen Geräte. Gärtnereien wieder würden einen Lastkraftwagen benötigen, um den Mist abzuholen. So sie einen solchen nicht selbst besitzen, sondern mieten müssen, kommt der Transport in den meisten Fällen schon zu teuer. In der Nähe größerer Städte, wo es eine entsprechende große Anzahl von Reitställen gibt, ist das Mistproblem noch wesentlich akuter.

Welche Alternativen gibt es?

Man kann seinen Mist auch in Container packen und als Sondermüll entsorgen, was entsprechend kostspielig ist, oder ihn zu speziellen Kompostbereitungsanlagen bringen, die aber zumeist auch Geld dafür verlangen, dass sie den Mist übernehmen.

Möglich wäre es natürlich, selbst erstklassigen, am besten biologischen Kompost zu bereiten und diesen dann zu verkaufen; doch dazu benötigt man Zeit und Platz. Beides steht für die meisten Offenstallhalter nicht zur Verfügung.

Interessanter könnte da schon die Verwendung von Pferdemist als Heizmaterial sein. Doch rentiert sich dies nur bei großen Anlagen, an die auch zu beheizende Wohnungen, Schwimmbäder und Ähnliches angeschlossen sind. Auch der Bau solch einer Anlage erscheint für den kleinen Mann zu aufwendig. Der Mist muss ja zunächst erst einmal in eine Vortrocknungsanlage, ehe man überhaupt daran denken kann, ihn zu verbrennen. Aber solche Anlagen sind schon in Betrieb, auch amtlich genehmigt, und arbeiten zur vollen Zufriedenheit.

Eine Möglichkeit, die sich in vielen Fällen verwirklichen lässt, wäre es, von jenem Landwirt, der Ihnen Heu und Stroh liefert, die Mitnahme des Mistes zu verlangen

DIE VORSCHRIFTEN

Hat man früher seinen Stallmist einfach irgendwo zu einem mehr oder minder kunstvollen Haufen geschichtet, gibt es mittlerweile gewisse Vorschriften, die dafür sorgen, dass Mist nicht einfach an einer beliebigen Stelle abgelegt werden darf. Die Angst vor Umweltverschmutzung und vor allem vor Verschmutzung des Trinkwassers ist in den letzten Jahren doch sehr akut geworden.

Wie umweltschädlich ist Pferdemist?

Es existiert eine wissenschaftliche Langzeituntersuchung der Universität Gießen, BRD, bei der sich herausstellte, dass eine Gefährdung durch einen offen und frei gelagerten

Misthaufen, insbesondere durch die im Sickerwasser enthaltenen Nitrate, Ammonium sowie organisch gebundenen Stickstoff aufgrund geringer Mengen nicht gegeben ist.

Diese Untersuchung hatte beispielsweise zur Folge, dass ein hessischer Landwirt, der Pferdemist auf freiem Feld abgelagert hatte und deshalb wegen umweltgefährdender Abfallbeseitigung verurteilt worden war, in zweiter Instanz freigesprochen wurde.

Auch ein Revisionsurteil des Oberlandesgerichtes Zweibrücken (OLG Zweibrücken, AZ.: 1Ss 202/90) besagt, dass Pferdemist kein „Umweltgift" sei; und zwar folgt dies aus der Beschaffenheit des Pferdemistes, der sich nach seiner Zusammensetzung grundlegend von Gülle oder Schweinemist unterscheide. Er sei trocken, binde Wasser und habe ein langes Rückhaltevermögen; bei Abbau und Verrottung entstünden keine Gifte, sondern nur Substanzen, die sich im natürlichen Stoffkreislauf befänden.

Zweck aller gesetzlichen Maßnahmen ist der Schutz des Grundwassers vor Verunreinigung. Größere Düngestätten werden deshalb nach dem heutigen Stand der landwirtschaftlichen Bautechnik und den wasserwirtschaftlichen Erfordernissen entsprechend erstellt. Da die Verunreinigung des Grundwassers nicht durch den Mist selbst, sondern durch Sickerwässer entsteht, ist eine Abdichtung gegen den Boden zu nötig. Nur ein geringer Teil des Sickerwassers stammt aus dem Mist selbst, weil der relativ dickflüssige Pferdeharn durch Mist und Einstreu gebunden wird. Allerdings entsteht durch die vom Regen verursachte Auswaschung weiteres Sickerwasser, das aber durch eine Überdachung oder Abdeckung des Miststapels verhindert werden könnte. Nicht überdachte Mistlagerstätten benötigen außer dem Betonuntergrund zusätzlich einen von der Jahresniederschlagsmenge abhängigen Grubenraum von 0,05 bis 0,5 Kubikmeter je Quadratmeter Lagerstätte.

Eine den Vorschriften entsprechende, mit Baugenehmigung errichtete Mistlagerstätte für einen großen Betrieb.

Bei der Planung der Lagerstätte ist die Bauordnung des jeweiligen Landes zu beachten. Ziehen Sie also unbedingt bei Ihrer zuständigen Behörde diesbezügliche Informationen ein.

DIE MISTSTÄTTE

Aus der Sicht der qualitätsvollen Kompostbereitung hat die vorgeschriebene Betondecke jedoch keinen Sinn, weil die Mikroorganismen und ebenso die Mistwürmer, die gemeinsam für Verrottung und Aufbereitung des Mistes sorgen, sich bei Frost im Winter nicht in die Erde zurückziehen können, sondern sehr leicht der Kälte zum Opfer fallen.

Wie groß muss meine Mistlagerstätte sein?
Die Düngerlagerstätte richtet man am besten für den Anfall in vier bis sechs Monaten aus. Bei einer durchschnittlichen Stapelhöhe von zwei Metern rechnet man je Großvieheinheit für eine Lagerdauer von sechs Monaten einen Flächenbedarf von 3,50 Quadratmetern bei mittlerer Einstreumenge, bei Tiefstreu vier Quadratmeter, bei Offenstallhaltung aber weniger.

Und wo ist der passende Platz?
Die Mistlagerstätte sollte so angelegt werden, dass der Weg zu ihr nicht zu weit ist. Je weiter der Weg, desto größer die Anstrengung und desto höher der Zeitaufwand. Je näher die Mistlagerstätte am Stall liegt, umso geringer der Arbeitsaufwand.

Da die Lagerstätte auch regelmäßig geräumt werden muss, ist es nötig, dass man leicht mit Transportfahrzeugen zufahren kann.

Die Nomenklatur
Festmist *ist ein Gemisch aus Kot und Harn mit Stroh-, Sägespäne- oder Laubeinstreu, wobei ein Teil des Harns durch die Einstreu gebunden wird.*

Jauche *besteht aus dem Sickersaft des Festmiststapels sowie Kot- und Einstreubestandteilen. Sie ist also nicht identisch mit der Harnabsonderung.*

Gülle *ist ein Gemisch aus Kot und Harn, das außerdem Wasser, Futterreste und Einstreuteile enthält. Gülle wird oft auch als Flüssigmist bezeichnet.*

Kompost *ist ein Bodenverbesserungsmittel aus organischen Stoffen, das durch Verrottung verschiedener pflanzlicher Bestandteile, oft auch organischen Materials tierischer Herkunft (zum Beispiel Stallmist) und häufig unter Zusatz von Stoffen mineralischer Herkunft (Steinmehl, Algenkalk und anderen) entsteht.*
Die Kompostierung verläuft in zwei Phasen, nämlich der Heißrotte und der Nachrotte. Für die Heißrotte werden behördlicherseits dieselben Vorkehrungen wie für Mist verlangt, Nachrotte kann auch auf nicht befestigten Flächen vorgenommen werden.

Es erweist sich als günstig, den Mistplatz gleich anschließend an den Stall zu plazieren. Man kann dabei gleich den Betonuntergrund in einem bauen. Der Misthaufen unmittelbar neben dem Stall ist vor allem Zeit sparend, hat jedoch den Nachteil, dass auch die Fliegen ganz nahe am Stall ihren günstigsten Vermehrungsplatz haben.

Wo die Möglichkeit besteht, den Misthaufen unter einem Dachvorsprung oder einem Flugdach anzulegen, sollte man die Gelegenheit nützen. Bei einem Neubau kann man die Überdachung des Misthaufens gleich in den Plan miteinbeziehen

Ob die Miststätte besser innerhalb der Offenstallhaltung oder außerhalb der Koppelumzäunung angelegt werden soll, muss von Fall zu Fall unterschieden werden. Wenn für jede Schubkarre voll Mist der

Koppelzaun mühsam geöffnet und wieder pferdesicher verschlossen werden muss, dann ist der Platz außerhalb wohl eher ungünstig. Manche Pferde nützen sogar die Miststätte, um ihre Rossknödel genau dort abzulegen. Das würde natürlich eine Menge Arbeit ersparen. Leider sind nicht alle Pferde so „stubenrein".

Gibt es andere Möglichkeiten der Mistlagerung?
Wo der Pferdemist regelmäßig von einem Landwirt aus der Umgebung abgeholt wird, rentiert es sich, anstatt eine Mistlagerstätte zu errichten einen Miststreuer anzuschaffen, der mit dem täglich anfallenden Ausmistgut unmittelbar gefüllt wird. So muss der Wagen nur noch abgeholt, entleert und wieder zurückgestellt werden. Aber auch wer selbst über entsprechende landwirtschaftliche Grundstücke verfügt, kann diese Lösung in Erwägung ziehen.

Eine weitere Möglichkeit ist das Aufstellen eines Containers, in dem der Mist gelagert wird. Auch so wird das Grundwasser reingehalten, und Sie ersparen sich die Errichtung einer betonierten Miststätte. Container kann man auch leicht mit einer Plane regendicht machen.

Bei der Lagerung von Mist müssen die geltenden rechtlichen Vorschriften beachtet werden. Erkundigen Sie sich bei Ihrer zuständigen Behörde diesbezüglich! Die Düngerdeponie muss so groß sein, dass sie den Mist von vier bis sechs Monaten leicht fassen kann.

Den Mist gleich zum Abtransport bereit auf einen Anhänger zu lagern, ist durchaus sinnvoll, arbeitssparend und kostengünstig.

Wer seinen Mist in einem Container lagert, erspart sich die Errichtung einer Miststätte.

EXTRAS

Extras sind etwas, das man nicht unbedingt haben muss, was jedoch das Leben ein bisschen angenehmer macht, für die Menschen oder für die Pferde.

DIE KRANKENBOX

Im Stall oder Unterstand einer Offenstallhaltung sollte es zumindest einen boxenartigen Raum geben, der es dem Tierarzt ermöglicht, ein Pferd zu behandeln, ohne dass fünf oder mehr andere neugierige Pferde ihm über die Schulter schauen oder gar mit ihren Nasen in seiner Medikamententasche herumwühlen. Tierärzte sind zwar Kummer gewöhnt und müssen oft die unmöglichsten Arbeitsbedingungen akzeptieren, doch sollte man ihnen doch das Leben oder zumindest die Arbeit ein wenig erleichtern, indem man ihnen die restlichen Pferde während ihrer medizinischen Tätigkeit vom Leibe hält.

Hat man eine spezielle Krankenbox, sind Impfungen, Kolik- oder Wundbehandlungen, ja selbst kleine Operationen und Kastrationen kein Problem. Der Tierarzt kann hier in Ruhe seine Instrumente vorbereiten, ehe man das kranke oder zu behandelnde Pferd hereinbringt, und er kann sich nach getaner Arbeit die Hände waschen, die Instrumente säubern und in Ruhe einpacken, ohne dass er erst einem übermütigen Pferd nachlaufen muss, das soeben mit einem Paar ehemals steriler Gummihandschuhe im Maul über die Koppel galoppiert.

Außerdem kann diese Box dazu dienen, ein krankes Pferd von den anderen zu isolieren, ihm nach einer Behandlung Ruhe zu gönnen, ihm in Ruhe Medikamente oder Spezialfutter zu verabreichen oder ihm bei Bedarf ungestörte Ruhe- und Schlafpausen zu ermöglichen.

Welche Anforderungen muss man an die Krankenbox stellen?
Die Box in einer Offenstallhaltung muss gewissen Kriterien entsprechen. Und diese haben in erster Linie mit der Psyche des Pferdes zu tun.

Das Offenstallpferd ist Mitglied einer Herde und daran gewöhnt, sich ständig inmitten der Gesellschaft aller anderen zugehörigen Pferde zu bewegen. Die Herde gibt ihm die nötige Sicherheit. Wird es aus dieser Gruppe herausgenommen, ist es verwirrt und fühlt sich verunsichert. Es hat Angst. In diesem Zustand ist es einer Behandlung oft gar nicht zugänglich.

Deshalb muss die Krankenbox so angelegt werden, dass die anderen Pferde sich in unmittelbarer Nähe befinden. Am besten richtet man diesen kleinen Raum also unmittelbar in oder zumindest anschließend an den Unterstand ein, und zwar so, dass er auch von dorther begehbar ist.

Die Box muss einerseits gut abgegrenzt sein, damit die anderen Pferde nicht stören können. Eine Abgrenzung nur durch einen oder zwei Schlagbäume genügt also nicht. Andererseits aber darf sie auch nicht durch zu hoch hinaufreichende blickdichte Wände das Pferd von den anderen völlig isolieren. Es schadet gar nichts, wenn die anderen ihre Nasen neugierig gegen die Gitterstäbe pressen, im Gegenteil: Ihre Nähe beruhigt den Patienten.

Diese Box braucht unbedingt ein Fenster, schließlich will der Tierarzt auch sehen was er tut. Für die dunkle Zeit muss eine Beleuchtung vorhanden sein.

Nötig ist ferner eine Möglichkeit, das Pferd anzubinden, und günstig wäre ein kleiner Futtertrog oder eine Aufhängemöglichkeit für Futterkübel oder Heunetz, damit man im Bedarfsfall aufgeregte Pferde durch Verabreichung von Futter beruhigen kann.

Als Mindestgröße wäre das Ausmaß vier mal drei Meter anzusehen.

Eine so ausgestattete Krankenbox kann dann auch dazu dienen, dass Stuten hier ihre Fohlen ungestört zur Welt bringen, dass Pferde, die Spezialfutter benötigen, darin ihre Extraportionen bekommen, dass Sommerekzempferde mit den diversen Mitteln eingeschmiert werden, und so fort. Wo die Notwendigkeit besteht, ein Pferd über Nacht verlässlich und geschützt unter Dach unterzubringen, leistet die Krankenbox gleichfalls gute Dienste.

AUFENTHALTSRAUM

Der Mensch hat es gern gemütlich. Und deshalb wünscht er sich eine Möglichkeit, sich nach getaner Arbeit irgendwo niederlassen zu können, um sich auszuruhen, einen Kaffee zu trinken oder vielleicht auch ein Gespräch per Handy zu führen. Wie sehr er auch seine Pferde liebt, gelegentlich möchte er doch ungestört sein. Ein durchaus verständlicher Wunsch. Dass in allen Reitstallungen das „Reiterstüberl" ein besonders stark frequentierter Ort ist, ja dass Reitställe ohne Reiterstüberl wesentlich weniger geschätzt werden, beweist, wie stark dieser Wunsch nach Gemütlichkeit auch bei pferdebegeisterten Menschen verankert ist.

Auch sucht man einen Ort, an dem man seine Kleider wechseln kann, in seine Reitkluft schlüpfen, oder nach der Stallarbeit die doch sehr intensiv riechende Arbeitskleidung gegen Zivilkleidung tauschen kann.

Und was tut man in einer Offenstallhaltung eigentlich, wenn Gäste kommen? Es ist nicht jedermanns Sache, seinen Kaffee oder die Cola oder auch nur das belegte Brötchen gegen eine Schar von Pferden zu verteidigen. Und inmitten lästig herumstehender, nach Leckerlis bettelnder oder an den Menschen auch bloß ihren Kopf scheuernder Pferde ist ein gedeihliches Gespräch nur schwer zu führen.

Sich einfach aus der Koppel zu flüchten und draußen im grünen Gras niederzulassen, mag ja im Sommer durchaus romantisch sein. Leider ist nicht das ganze Jahr Sommer.

So muss also ein Aufenthaltsraum für den Menschen her, der ihm innerhalb der Offenstallhaltung ein bisschen Privatleben ermöglicht. Es gibt Leute, die sich inmitten des Auslaufes einen Platz eingezäunt haben, an dem sie sich ungestört niederlassen können. Ein sicherer Käfig für den Menschen, gewissermaßen, doch eine für die schöne Jahreszeit durchaus praktikable und sinnvolle Möglichkeit, kann man sich doch inmitten der Tiere aufhalten, sie beobachten, aber trotzdem ein wenig für sich sein. Für Schlechtwetter eignet sich diese Variation aber ebenso wenig wie für das Umkleiden.

Wie löse ich das Raumproblem?

Ein Raum unter Dach wird also gewünscht. Noch ein Raum? Wo doch der Platz zumeist ohnedies knapp ist. Über ausreichende Lokalitäten verfügen ja nur jene Offenstallhaltungen, die an einen normalen Stall mit seiner gesamten Infrastruktur angegliedert sind.

Die Lösung für den einfachen Offenstall heißt: Allzweckraum.

Heutzutage gibt es Allzweckhallen in den Gemeinden, in den Schulen. Sie erweisen sich als absolut brauchbar, vor allem als rentabel. Warum also nicht auch ein Allzweckraum in der Offenstallhaltung?

Anstelle der Krankenbox gibt es eben einen Allzweckraum, der je nach Bedarf als Krankenbox, Aufenthaltraum, Umkleidezimmer oder Ort zur Gästebewirtung, aber ebenso gut als Notbox für ein Pferd dienen kann. So kann in diesem Allzweckraum ruhig ein Pferd übernachten, während am Vormittag hier der Tierarzt ordiniert und man am Nachmittag da mit Freunden Kaffee trinkt.

Da die Krankenbox die höchsten Anforderungen an die Gestaltung stellt, sollten also die Kriterien, die wir im Kapitel „Krankenbox“ erwähnt haben, auch im Allzweckraum Anwendung finden. Sitzgelegenheit und andere „gesellschaftliche Einrichtung“ sind mobil. Sie können im Futterraum aufbewahrt und bei Bedarf in die Allzweckbox gebracht werden. Die heute allgemein genützten stapelbaren Kunststoffmöbel sind preiswert und leicht zu transportieren.

Sollte ein nächtens von einem Pferd benützter Allzweckraum zu intensiv nach Pferdeharn duften, so gibt es heute Mittel, die diesen Geruch beseitigen oder dessen Entstehung von vornherein verhindern. Die biologisch am ehesten vertretbare Version: Kleinstlebewesen, die in einer Dose oder einem Substrat schlummern und erst zum Leben erwachen, wenn sie mit Feuchtigkeit in Kontakt kommen. Sie ernähren sich von den Bestandteilen des Harns, den sie so zu einer geruchfreien Substanz umwandeln.

SATTELKAMMER UND GERÄTERAUM

Wer sich nicht allein mit der Gesellschaft seiner Pferde begnügen will, sondern diese auch als Reit- oder Fahrsportkameraden nützen will, braucht auch einen Platz, an dem er seine dafür nötigen Gerätschaften aufbewahrt, denn es erweist sich als äußerst umständlich, wenn man Sattel und Zaumzeug oder Fahrgeschirr stets im Auto herankarren und dann wieder in die Wohnung verfrachten muss.

Auch die diversen Gerätschaften, die man zur Pferdepflege und zur Stallbetreuung braucht, die eigene Arbeitskleidung und sonst noch so allerlei muss irgendwo untergebracht werden. Wo die Möglichkeit besteht, dies außerhalb der Haltung zu tun, ist das natürlich ein Vorteil. Wo dies nicht der Fall ist, wird man im Futterlagerraum eine Ecke für all diese nötigen Gegenstände einrichten.

Wichtig ist jedenfalls, dass dieser Raum, ebenso wie der Futtervorratsraum, stets pferdesicher verschlossen ist. Zum Wohle der doch zumeist recht kostspieligen Ausrüstung sollte es sich um einen trockenen Raum handeln, in dem sich am Leder kein Schimmelbelag bilden kann.

WEIDE

Im Prinzip ist das Weiden die natürlichste Ernährungsform der Pferde. Ihr ganzer Organismus ist darauf ausgerichtet. Jede andere Fütterung bleibt immer nur ein nicht vollwertiger Ersatz.

Bei vielen Offenstallhaltungen fehlt jedoch, rein vom vorhandenen Grundstück her, die Möglichkeit einer Weide. Im Auslauf beziehungsweise in der Koppel eine

Weidemöglichkeit zu schaffen, ist nicht ratsam. In der Koppel, die ja besonders intensiv genutzt wird, ist die Gefahr der Verwurmung viel zu groß. Man sollte dort also auf jedweden Graswuchs verzichten. Aber vielleicht gibt es ein wenn auch kleines Grasstück, das man den Pferden gelegentlich zur Verfügung stellen kann. Um eine Überweidung zu vermeiden, wird man dieses relativ kleine Grasstück nur stundenweise zur Verfügung stellen und es ganz besonders gut pflegen. Gut pflegen, das heißt, dass die Rossäpfel regelmäßig abgesammelt werden müssen, und die Geilstellen, an denen der Mist abgesetzt und die von den Pferden nicht beweidet werden, müssen regelmäßig abgemäht werden. Besonders gut bekommt es der Mini-Weide, wenn man ihr zwischendurch eine Weile Ruhe gönnt, das Gras nachwachsen lässt und schließlich abmäht. Am günstigsten wäre es, den ersten Schnitt im Mai zu mähen und die Pferde erst dann, wenn das Gras wieder ein wenig nachgewachsen ist, auf die Weide hinauszulassen.

Weiden, egal ob groß oder nur in Miniaturausgabe, müssen immer gut gepflegt werden und dürfen nie zu intensiv genutzt werden. Die Pferde fressen in erster Linie die von ihnen bevorzugten Pflanzen und nagen sie manchmal bis auf die Wurzel ab, während sie anderes einfach stehen lassen. So verändert sich der Bewuchs allmählich zum Negativen, die guten Gräser verschwinden, anderes nimmt überhand.

Wo keine Weidemöglichkeiten vorhanden sind, sollte man den Pferden in der Sommersaison nach Möglichkeit geschnittenes Grünfutter zur Verfügung stellen. Das ist zwar kein vollwertiger Ersatz für das Weiden, allein schon deshalb, weil hier das Abzupfen der Gräser fehlt, was einerseits gewisse Muskelpartien trainieren, andererseits auch die Fresszeit wesentlich verlängern würde. Keinesfalls aber darf Rasenschnitt aus einem Garten-Rasenmäher an die Pferde verfüttert werden.

REITPLATZ

Wer sich Pferde hält, will sie in der Regel auch sportlich nutzen. Wer dabei auch an Turnierteilnahme denkt oder ganz einfach ein junges Pferd auszubilden hat, dem genügt die Ausreitmöglichkeit nicht. Hier ist ein Reitplatz unbedingt nötig. Sehr oft aber gibt es auch da wieder Platzprobleme. Wer seine Offenstallhaltung nicht an einen Reitstall angeschlossen hat oder in unmittelbarer Nähe einen Reitstall hat, dessen Anlagen er benützen darf, muss sich etwas einfallen lassen. Praktische Lösungen sind also gefragt. Da wäre zunächst die Möglichkeit, Reitplatz und Miniweide zu kombinieren: Der Reitplatz erhält einfach Grasbewuchs, der beim Reiten eine absolut natürliche Unterlage ist und bei der doch recht geringen Nutzung kaum der Abnützung unterliegt, so also auch als Weide dienen kann.

Aber auch in der Koppel lässt sich zumeist ein Arbeitsplatz einrichten. Das hat sogar noch den Vorteil, dass die Pferde dort lieber arbeiten, weil sie ihre Herde in der Nähe wissen. In der Ausbildung junger Pferde bewährt sich das besonders. Damit man nicht ständig durch herankommende Herdengenossen gestört wird, kann man während der Arbeitsperiode einfach einen Elektrozaun so durch die Koppel ziehen, dass die anderen Pferde auf Abstand gehalten werden.

WC

Dort, wo man eine Offenstallhaltung auf freiem Feld oder an einem isolierten Platz errichtet hat, an dem keine Infrastruktur besteht, kann auch die Frage der Toilette zum Problem werden. Es ist nicht jedermanns Sache seine Notdurft sommers wie auch winters im Freien hinter einem Busch zu verrichten. Plumps-Klos, wie sie seinerzeit unter solchen Umständen üblich waren, sind heute nicht mehr erlaubt. Die einzig mögliche Lösung heißt in diesem Fall: Camping-WC. Dies sind Klosetts mit einer Lade, welche die Fäkalien speichert. Einziger Nachteil: man muss diese Behälter von Zeit zu Zeit entleeren. Camping-Klos sind zum Beispiel in Baumärkten erhältlich.

Die Schleuse macht es möglich, ungestört sein Pferd zum Reiten vorzubereiten und nachher das Gelände zu verlassen, ohne dass man die anderen Pferde mit Geschick oder Gewalt davon abhalten muss, hintennach zu laufen.
Sehr bewährt hat es sich, wenn die Schleuse so geräumig ist, dass dort auch Sattel, Zaumzeug und Putzutensilien Platz finden.
Die Maße richten sich nach den vorhandenen Möglichkeiten. Sie muss zumindest so breit sein, dass darin nicht nur das Pferd Platz findet, sondern sich auch der das Pferd vorbereitende Mensch problemlos bewegen kann. Werden üblicherweise zwei Pferde zur selben Zeit geritten, sollte man die Einrichtung einer „Zweipferde-Schleuse" erwägen, die zwei Pferden nebeneinander Platz bietet.

SCHLEUSE

Befindet sich in einer Offenstallhaltung eine größere Anzahl von Pferden, erweist es sich häufig als schwierig, Pferde zu zäumen und zu satteln und schließlich aus der Koppel hinauszuführen. Nur allzuleicht verlässt man nicht nur mit dem zum Reiten fertig gemachten Pferd die Anlage, sondern hintennach drängen sich noch das ein oder andere, vielleicht sogar mehrere Herdengenossen ins durchaus interessante Freie. Hat man keinen Helfer zur Hand, der die restlichen Pferde von diesem Ausflug abhält, kann es schwierig werden.

Als Lösung bietet sich hier die „Schleuse" an, die es ermöglicht, sein Pferd zunächst einmal schon ungestört zu satteln und zu zäumen, ohne dass andere Pferde am Steigbügelriemen nagen oder mit dem bereitgelegten Zaumzeug irgendwohin in der Koppel verschwinden. Danach kann man mit dem fertig hergerichteten Tier ungestört die heimatlichen Gefilde verlassen und seinen Ritt antreten.Die Schleuse ist ein Raum, der so angelegt ist, dass er innerhalb der Offenstallhaltung beginnt, seinen Ausgang aber bereits außerhalb der Haltung hat.

Sehr praktisch ist es natürlich, wenn dieser Raum so breit angelegt ist, dass man darin auch Putz-, Sattel- und Zaumzeug aufbewahren und so stets griffbereit zur Hand haben kann.

Die Schleuse kann gleich in Anschluss an den Unterstand errichtet werden, eventuell sogar von dorther begehbar, oder ebenso an einer beliebigen Stelle der Hauptfront des Koppelzaunes; das hängt von den vorhandenen Möglichkeiten und den baulichen Gegebenheiten ab.

Hat man nicht die Möglichkeit, die Schleuse als einfaches Gebäude zu errichten, tut es notfalls auch eine Art Pferch, ein koppelzaunartig eingezäuntes Rechteck, jedoch muss man dabei darauf achten, dass nicht die anderen Herdenmitglieder ihren Hals lang machen und so das in der Schleuse befindliche Pferd beißen oder dem Reitzeug Schaden zufügen können.

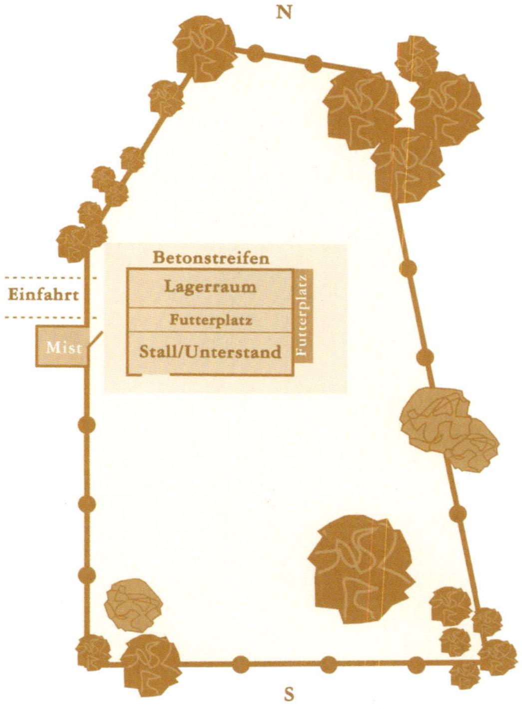

DIE ANORDNUNG DER GEBÄUDE

Wo man Gelegenheit hat, die Offenstallhaltung nach eigenen Wünschen neu zu errichten, sollte man die Anordnung der benötigten Gebäude gut überlegen. Es gibt drei verschiedene Möglichkeiten, die ihrerseits viele Variationen beinhalten. Jede der drei Versionen hat ihre Vor- und ihre Nachteile. Es ist also mehr oder minder Geschmackssache, für welche Version man sich entscheidet.

Die drei Möglichkeiten

- *alle Räume in einem Block*
- *alle Räume nebeneinander in einer Reihe*
- *alle Räume im Auslauf verteilt.*

Die Maße auf dieser Skizze sind willkürlich gewählt und müssen selbstverständlich den eigenen Bedürfnissen entsprechend abgeändert werden, sind andererseits auch abhängig von Grundstückform, -ausmaß und -lage sowie der Anzahl der unterzubringenden Pferde.
Die Miststätte ist in Stallnähe untergebracht und von innen her, aber ebenso von außerhalb gut erreichbar, damit der Abtransport problemlos funktionieren kann.
Wichtig ist auch die Einfahrt für die Zulieferung der Futtermittel, die möglichst nahe beim Lagerraum liegen soll.
Wo die Pferde sich rings um das Gebäude bewegen können, muss die Möglichkeit bestehen, links und rechts der Einfahrt abzusperren, damit bei Öffnung des Außentores die Pferde nicht entlaufen können. Praktisch ist es, wenn man mit den Torflügeln des Lagerraumtores absperren kann.
Wichtig ist der Betonstreifen rings um das Gebäude, der auch bei sonst tiefem Boden den Pferden einen festen und trockenen Untergrund bietet. Gleichfalls befestigt sollte die Einfahrt zum Lagerraum sein.
Ein Futterplatz im Freien, möglichst unter einem vorspringenden Dach und auf dem dort breiteren Betonstreifen, bietet die Möglichkeit, an Schönwettertagen sommers wie winters auch im Freien zu füttern.

Futtervorräte über dem Stall zu lagern ist zwar üblich, erschwert aber die Arbeit. Sowohl das Lagern wie auch das Füttern sind mit großer Mühe verbunden. Lagerräume auf gleicher Ebene mit dem Stall sind da viel angenehmer.

ALLE RÄUME IN EINEM BLOCK

Hier hat der Betreuer den angenehmsten Arbeitsplatz, denn Stall, Futterlagerraum und Nebenräume befinden sich nicht nur unter einem Dach, sondern die bei der Arbeit zurückzulegenden Wegstrecken sind relativ kurz. Allerdings bedarf es einer klugen Anordnung, die es vielleicht sogar ermöglicht, vom Futterlagerraum aus durch eine Klappe den Fressplatz im Stall zu beschicken.

Nicht zu empfehlen ist die Lagerung von Heu und Stroh über dem Stall, und das aus zwei Gründen: Zunächst einmal steigen Ammoniakdüfte auf und setzen sich auf dem Futter fest, zum anderen verursacht das Hinunterwerfen von Heuballen oder losem Heu ganze Wolken von Staub, was wieder den Atmungsorganen schadet, und zum Dritten ist es auch sehr mühsam, bei Futteranlieferung alles auf den Boden zu befördern.

ALLE RÄUMLICHKEITEN NEBENEINANDER IN EINER REIHE

Das ist vor allem bei schon vorhandenen Baulichkeiten oder bei schmalen Grundstücken die übliche, manchmal eben auch die einzig mögliche Lösung. Und sie ist gar nicht so schlecht, denn der Lagerraum schließt unmittelbar an den Stall an. Nur ist bei dieser Lösung zumeist der Futterplatz nicht unmittelbar beschickbar, sondern das Futter muss von Hand transportiert werden, und das kann zu Beginn der Fütterung, wenn sich alle Pferde vor der Tür des Lagerraumes schon in Erwartung von Heu drängen, mitunter gar nicht so angenehm für den Menschen sein.

ALLE RÄUME ALS EINZELNE GEBÄUDE IM AUSLAUF VERTEILT

Diese Version ergibt sich gelegentlich, wenn man schon vorhandene Baulichkeiten nützt. Wie überall gibt es auch hier Vor-

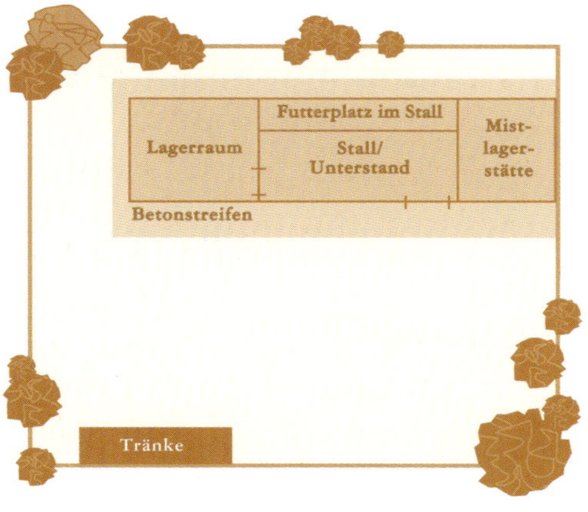

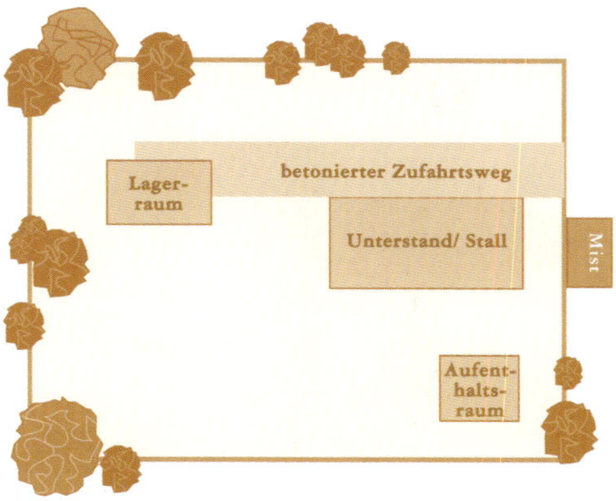

Alle Räume liegen nebeneinander, die Mistlagerstätte ist sowohl von innen wie auch von außerhalb zugänglich. Die Tränke liegt abseits und zwingt so auch die faulsten Pferde dazu, sich zu bewegen. Da die Tränke entsprechend weit vom Futterplatz entfernt ist, wird sie auch nicht so leicht mit Futterresten verschmutzt.
Der Betonstreifen als wichtigste trockene und feste Stehmöglichkeit läuft rund um das Gebäude, führt aber nicht zur Tränke, damit die Pferde genötigt sind, sich bei Schlechtwetter auch mit entsprechend verändertem Boden auseinander zu setzen.
Zu empfehlen wäre jedoch eine nicht unbedingt rechteckige Gestaltung des Auslaufes.

Die im Auslauf verteilten Gebäude bieten viele Möglichkeiten zur Bewegung, auch zu Laufspielen der Fohlen, andererseits aber findet so manches Pferd hinter einer der Baulichkeiten auch Ruhe und Zuflucht.
Der Betonstreifen ist hier zu einer breiten Fahrspur geworden, damit die Zulieferung von Heu und anderen Futtermitteln bei jeder Witterung möglich ist.
Die Mistlagerstätte befindet sich auf diesem Modell außerhalb der Koppel, ist aber auch von innen beschickbar.
Die hier rechteckige Koppelform würde man sich unregelmäßig und landschaftlich gestaltet wünschen.

und Nachteile. Diese Anordnung macht alle Arbeit zeitaufwendiger und bei Schlechtwetter auch unangenehmer, weil man immer wieder ins Freie muss. Sie hat aber einen ganz großen Vorteil: durch die einzelnen Gebäude vergrößert sich die Bewegungsmöglichkeit für die Pferde, die um die Gebäude herumgehen können, Rückzugsgelegenheiten bieten sich an, die ganze Anlage wird für die Pferde interessanter.

Wichtig ist, dass die einzelnen Gebäude durch befestigte Wege verbunden sind, die bei jeder Witterung nicht nur für den Menschen begehbar, sondern auch mit dem Schubkarren befahrbar sind.

SAUBERKEIT

Während in einem Boxenstall jeder Sauberkeit für selbstverständlich hält, lebt so mancher Mensch in der Annahme, dass die Offenstallhaltung in erster Linie dazu da sei, ihm selbst die Arbeit zu erleichtern.

Auf meine Frage, wie oft er seinen Offenstall-Unterstand ausmiste, antwortete mir doch ein Pferdebesitzer sehr erstaunt: „Ausmisten? Ich habe seit Monaten den Unterstand nicht betreten. Ich weiß gar nicht, wie es drinnen aussieht.“ Und das ist leider kein Einzelfall.

Andererseits aber fordern Leute, welche ihre Pferde in einem Offenstall gegen Bezahlung einstellen, ein Übermaß an Sauberkeit, das menschlichen, aber nicht pferdischen Vorstellungen und Notwendigkeiten entspricht.

Wie gehen wild lebende Pferde mit der Sauberkeit um?

Es unterscheidet sich, wie gesagt, die Vorstellung, welche ein Pferd von Sauberkeit hat, deutlich von jener, die der Mensch davon hat. Die Sauberkeit, die einem Pferd zuteil werden soll, muss ihm jene Lebensumstände ermöglichen, welches es bei einem Leben in Freiheit hätte, und die für sein Wohlbefinden deshalb bestimmend sind: Infolge der ständigen Vorwärtsbewegung nimmt das frei lebende Pferd sein Futter stets von sauberen Stellen, während es seinen Mist hinter sich lässt. So bedeutet für das Pferd die Berührung mit seinen eigenen Fäkalien oder denen seiner Artgenossen etwas, was es im freien Leben stets zu vermeiden trachtet, während es feuchten Boden, ja selbst Schlamm weder in seiner Umgebung noch an seinem Körper als unangenehm empfindet.

Wenn wir uns das vergegenwärtigen, ist eigentlich schon alles über die in einer Pferdehaltung nötige Sauberkeit gesagt!

Wie viel Mist macht ein Pferd?

Das Pferd ist ein Pflanzenfresser, und viele

Bestandteile seiner Nahrung werden nicht verdaut, sondern nur als Ballast genützt. So besteht sein Kot im Wesentlichen aus den nicht absorbierten Teilen von Futter und Verdauungssekreten sowie aus Bakterienresten. Diese Ballaststoffe werden mit dem Mist ausgeschieden. Da kommt schon eine ganz schöne Menge zusammen, abhängig natürlich von der Futtermenge und ihrer Verdaulichkeit. Ein Pferd kann pro Tag bis zu 20 mal Mist absetzen; es tut dies ziemlich regelmäßig in Abständen von eineinhalb bis zwei Stunden. Die Tagesmenge beträgt zwischen ein und drei Prozent des Körpergewichts.

SAUBERKEIT IM STALL

Der Unterstand oder Stall bedarf, auch wenn er in gewissen Wetterperioden scheinbar gar nicht genützt wird, doch einer regelmäßigen Reinigung. Unter regelmäßig ist allerdings nicht „einmal die Woche" zu verstehen, sondern zumindest einmal pro Tag, besser noch zweimal täglich.

Wie kommt der Mist ins Futter?
Offenstallpferde haben die für den Halter nicht gerade erfreuliche Angewohnheit, den Unterstand als Klosett zu nützen. So verbringen sie, entsprechende Witterung vorausgesetzt, Tag und Nacht im Freien, kommen aber zum Absetzen von Mist und Harn gern in den Stall herein, so dass sich im Laufe des Tages eine ganz schöne Menge auszumistenden Gutes ansammelt. Zwar nützen sie im Unterstand zumeist nur eine (für gewöhnlich die dem Fressplatz gegenüberliegende) Seite als „Bedürfnisanstalt", doch wenn dort „besetzt" ist, landet der Mist eben in einem anderen Teil des Raumes. Das kann unter Umständen sogar der Futterplatz sein. Auch durch das Herumgehen der Pferde wird der zuvor ordentlich abgelegte Mist verschleppt und über den ganzen Boden verteilt.

Damit ist also schon klar, weshalb regelmäßiges Ausmisten eine absolute Notwendigkeit ist: Der Futterplatz muss vor jeder Verabreichung von Raufutter sorgfältig ausgekehrt werden, um eine Verwurmung der Pferde so gering wie möglich zu halten. Aber auch der Mistbereich muss gesäubert werden, damit nicht schon im nächsten Augenblick wieder mit den Hufen Fäkalien in den Fressbereich getragen werden. Das bedeutet also, dass man den gesamten Unterstand besenrein macht.

Um das Ausmisten zu erleichtern, kann man Schieber aus Holz verwenden, mit denen man die Fäkalien sehr schnell zu einer Reihe oder einem Haufen zusammenschieben und von dort aus auf den Misthaufen entsorgen kann. Ein Nachkehren mit dem Besen ist zumeist gar nicht notwendig. Auf diese Weise geht natürlich das Ausmisten wesentlich rascher vonstatten, als hätte man dieselbe Anzahl von Pferden in einzelnen Boxen untergebracht.

SAUBERKEIT IM AUSLAUF

Die Sauberkeit im Auslauf ist gleichfalls nur hinsichtlich der Verunreinigung mit Mist von Bedeutung, Über den Sinn des naturbelassenen und stets seine Beschaffenheit wechselnden Auslaufbodens haben wir ja schon im Kapitel „Die Koppel" gesprochen.

Pferde haben bestimmte Mistplätze, die sie immer aufsuchen, die allerdings immer größer werden und deshalb schon in regelmäßigen Abständen gesäubert werden müssen.

Keine Angst vor Wurminfektionen! Mistfressen ist keine Untugend, sondern eine Art Selbstmedikation, wenn gewisse Verdauungsenzyme nicht im notwendigen Maß vorhanden sind.

Muss nun auch in der Koppel der Mist täglich abgesammelt werden?
Das Mistentfernen in der Koppel wird zumeist noch mehr vernachlässigt als im Unterstand. Wird Futter bei entsprechender Witterungslage im Freien auf dem Boden gegeben, kommt der Sauberkeit der Koppel jedoch besondere Bedeutung zu.

Allerdings machen es die Pferde ihrem Betreuer hier etwas leichter. Sie haben ihre bestimmten Mistplätze am Rande der Koppel, zumeist mehrere, die sie zum Absetzen von Kot regelmäßig aufsuchen. Hier sammelt sich der Mist zu richtigen Erhebungen an, und die damit bedeckte Fläche wird im Laufe der Zeit auch immer größer, da Pferde die Angewohnheit haben, an dem schon vorhandenen Mist zu riechen, ehe oder während sie ihren eigenen absetzen. Dadurch ragt ihr Hinterteil etwas aus dem Mistbereich hinaus, die Fläche weitet sich aus.

Da entsprechend viele Mistplätze vorhanden sind, ist für jedes Pferd jederzeit die Möglichkeit gegeben, einen davon zu benützen. Sie müssen hier, im Gegensatz zum Unterstand, nicht in einen Fressbereich ausweichen. Wenn man darauf achtet, dass Raufutter oder Grünfutter in der Koppel stets nur auf jenen Stellen vorgelegt wird, die nicht als Mistplatz dienen, kann man die Verwurmungsgefahr niedrig halten. Ein tägliches Mistabräumen ist daher nicht nötig. Ob man hier wöchentlich abmistet oder gar noch längere Intervalle ansetzt, hängt einfach von den Umständen ab. In besonders kleinen Koppeln wird ein sehr häufiges Abräumen nötig sein.

Wenn Sie ein Pferd dabei ertappen, dass es Rossknödel frisst, brauchen Sie sich keine Sorgen zu machen! Diesem Pferd fehlen vermutlich einige Verdauungsenzyme, die es sich hier holt. Es wird stets nur noch warmer Mist gefressen, in dem Würmer noch nicht in infektiösem Zustand vorhanden sind.

Was für die Koppel gesagt wurde, gilt im selben Maß auch für die Weide. Auch hier muss Mist abgesammelt werden, eine gar nicht so angenehme Tätigkeit, weil an den Miststellen Gras und Unkraut sehr hoch stehen. Diese Geilstellen werden zum Glück von den Pferden nicht abgeweidet. Sie müssen aber von Zeit zu Zeit ausgemäht und das Schnittgut über die Mistlagerstätte entsorgt werden. Keinesfalls darf es in der Fütterung eingesetzt werden.

SAUBERKEIT DER PFERDE

Pferde sind im Prinzip „selbstreinigend". Aber der Mensch tut sich schwer damit, einfach den Dingen ihren Lauf zu lassen. Es fällt ihm nicht leicht zuzuwarten, bis die Erdschicht vom letzten „Moorbad" von selbst abbröselt oder abgescheuert wird oder bis die Schlammspuren von der Wanderung durch tiefen Boden wieder von selbst verschwinden. Sauberkeit ist oberstes Gebot, so macht es uns die Werbung tagtäglich weis. Und wer nicht auf extreme Sauberkeit achtet, ist eine schlechte Hausfrau, eine unordentliche Raumpflegerin, ein schlampiger Pferdepfleger oder ein nachlässiger Pferdebesitzer. Diese Ansicht ist so fest verankert, dass selbst ein vernünftig denkender Pferdebesitzer oft seiner Mitmenschen wegen beim Anblick seines erdverkrusteten Pferdes ein schlechtes Gewissen bekommt.

Warum muss man Pferde putzen?

Wenn das Putzen und die damit erzielte Sauberkeit so wichtig ist, wie können dann die wild lebenden Pferde überleben, wo diese doch niemand einer täglichen Reinigung unterzieht?

Die Natur sorgt für alle ihre Lebewesen sehr sinnvoll. Zur Pflege des Pferdes trägt sie das ihrige bei. Sie beschert trockenen Boden für das Staubbad, feuchte Erde für das Schlammbad, der Regen wäscht Fell und Mähne, die Sonne ist ein vollwertiger Föhn-Ersatz und der Wind frisiert das Langhaar. Was also hat der Mensch hier auszusetzen?

Für das Putzen der Pferde gibt es eigentlich nur zwei fundierte Gründe: Es fördert den Kontakt zwischen Mensch und Pferd, und es garantiert, dass sich weder Sand noch kleine Steinchen im Fell befinden, die einen Sattel- oder Gurtendruck erzeugen können. Letzteres ist nur von Bedeutung, wenn das Pferd geritten werden soll.

Das Aussehen natürlich lebender Pferde in einem Offenstall ist wetterabhängig. Sie sind mit leichten Schmutzflecken versehen oder komplett erdüberkrustet, wenn sie sich in einer Schlechtwetterperiode im Schlamm suhlen, sie erstrahlen in voller Schönheit mit glänzendem Fell wie frisch geputzt in der Schönwetterzeit. Bei uns hatte sich eines Tages das Fernsehen angesagt, und das mitten in einer ausgedehnten Schlechtwetterperiode. Was tun? Die Pferde putzen? Bei der großen Anzahl doch eine etwas komplizierte Angelegenheit, zumal sie ja nach dem Putzen die nächste Gelegenheit genutzt hätten, ein weiteres Schlammbad zu nehmen. So hätte sich die Putzzeremonie endlos hingezogen bis zum betreffenden Tag. Doch zwei Tage vor dem Termin kam die Sonne durch, trocknete die Koppel und die Pferde, und als schließlich das Fernsehteam erschien, sahen alle Pferde ganz ohne unser Zutun wie frisch geputzt aus.

Eine Gruppe sauber und gepflegt aussehender Offenstallpferde, die mit Garantie nie geputzt werden.

Kann Putzen auch schädlich sein?
Intensives Putzen macht bei Offenstallpferden nicht nur keinen Sinn, es kann mitunter auch Nachteile bringen, vor allem dann, wenn man bis in die Tiefen des Fells vordringt und so den Schutzfilm der Haut zerstört. Schon bei Stallpferden ist es nicht sinnvoll, so tief zu putzen, bei Offenstallpferden aber beschädigt man dadurch jene Schicht, welche die Haut vor allen Witterungsunbilden schützt. Der feine Fettfilm etwa, der jedes einzelne Haar des Fells umgibt, aber auch die Haut unmittelbar bedeckt, sorgt dafür, dass das Regenwasser abrinnt. Bestimmte Strichrichtungen im Fell wirken dabei wie Regenrinnen. Beim Putzen werden diese Rinnen leicht zerstört, das Wasser rinnt dann nicht gleich ab, sondern durchnässt das Pferd intensiv. Schlammkrusten wieder haben nicht nur eine kurartige Wirkung auf Haut, Muskulatur und Sehnen, sie stellen im Sommer auch einen durchaus wirkungsvollen Schutz gegen Insektenstiche dar.

Dass übertriebene Sauberkeit ganz allgemein der Gesundheit nicht unbedingt zuträglich sein muss, ist heute in der Medizin längst bekannt. Sie schwächt die körpereigene Bakterienabwehr, so sagt zum Beispiel der Allergieexperte Rudolf Valenta vom AKH Wien. Auch die immer mehr zunehmenden Allergien werden nach neuesten Forschungen darauf zurückgeführt, dass der Körper zu wenig Gelegenheit hat, sich mit

Erregern auseinander zu setzen und deshalb dann überreagiert in Form von Allergien. Untersuchungen zeigen zum Beispiel, dass Kinder, die täglich im Stall mit Keimen und Bakterien in Berührung kommen, weit seltener unter Allergien zu leiden haben als andere.

Als Maxime könnte also gelten: das Pferd weiß selbst, was ihm gut tut, und der Mensch sollte sich möglichst wenig einmischen. Pferde, die sich ausgiebig wälzen, auf trockenem Boden oder im Schlamm, sind gesund. Das Herumgehen in schlammigem Boden kräftigt die Sehnen und tut den Hufen gut.

Was ist im Offenstall von „Schönheitsmitteln“ zu halten?

Man sollte überhaupt umdenken, denn das „geschniegelte“ Pferd mag vielleicht den allgemeinen Beifall von Reiterkameraden und Passanten finden, wer seine Pferde im Offenstall hält, ist jedoch darauf bedacht, ihnen ein natürliches Leben zu ermöglichen. Darum wird er unnötiges Putzen unterlassen und ebenso Abstand davon nehmen, Mähne und Fell durch diverse im Handel erhältliche Sprays vor Verunreinigung zu schützen. Die Anwendung solcher „Schutzmittel“ ist nur in Ausnahmefällen vertretbar, etwa wenn das Pferd für eine Schau oder einen Turnierbewerb auf Hochglanz gebracht werden muss und bis zur Abreise in diesem Zustand erhalten werden soll. Auch andere Mittelchen braucht das Pferd nicht, um gut auszusehen. Das Fell des gesunden Offenstallpferdes glänzt bei Schönwetter wie poliert, ganz ohne menschliches Zutun, auch dafür sorgen die gelegentlichen Schlammbäder.

Gibt es auch Ausnahmen vom „Putzverbot“?

Zur Zeit des Fellwechsels, wenn die ausfallenden Winterhaare allzu sehr jucken, kann man mit einem festen Striegel nachhelfen und dem Pferd durch diese Massage ein wenig Erleichterung verschaffen. Notwendig ist das allerdings nicht, denn das Pferd kann sehr wohl selbst durch Scheuern und Wälzen das überschüssige Fell loswerden und den Juckreiz bekämpfen. Nach solch einer Wälzorgie findet man riesige „behaarte“ Flächen in der Koppel, so als läge dort das komplette Fell eines Pferdes.

Zweite Ausnahme: Pferde mit üppiger und langer Mähne (Haflinger, Isländer etc.) bringen ihr Langhaar durch Scheuern in der Insektenzeit oft sehr stark durcheinander. Die ausgescheuerten Haare verfangen sich im Rest der Mähne und bilden so Knoten und zopfartige Gebilde. Das ist zwar nicht schädlich, aber trotzdem sollte der Mensch hier zeitweise ordnend eingreifen und die Haare nicht mit einer Bürste oder einem Kamm bearbeiten, sondern fachkundig verlesen. Nur so kann er sie nämlich wieder in Ordnung bringen. Lässt man die Knoten zu lange Zeit bestehen, hilft dann oftmals nur mehr die Schere. Aber gerade für das Offenstallpferd ist das Langhaar (je länger und dichter, desto besser) sehr wichtig als Schutz gegen Fliegen und stechende Insekten ebenso wie gegen Witterungsunbilden.

Jedes einzelne Pferd hat allerdings seine eigene Vorstellung von Sauberkeit. So veranstalten manche in schlammigem Boden wahre Wälzorgien, während andere zu feuchte Stellen peinlich vermeiden und lange suchen, bis sie einen Platz mit der ihnen zusagenden Konsistenz als Wälzfläche ausfindig machen.

Das Ergebnis intensiver Scheuertätigkeit ist nicht immer dekorativ. Das stark juckende, schon ausfallende Winterfell hat das Pferd durch heftiges Scheuern zum Teil bis auf die Haut abgeschabt. Vorübergehend sieht das Pferd aus, als wäre es von der Räude befallen. Und bei diesem exzessiven Scheuern an Wänden und Vorsprüngen entstanden in der Mähne zopfartige Gebilde, die nur schwer zu entwirren sind. Was aber nötig ist, da das Pferd die Mähne zum Schutz vor Insekten braucht.

Die zwei Extreme demonstrieren zum Beispiel in unserer Herde zwei Dreiviertelgeschwister. Giovanotto pflegte sich schon als Fohlen, sobald ihn Müdigkeit überkam, einfach hinzuwerfen, egal ob auf den sauberen Boden des Unterstandes oder in die nächste Regenlache.

Sein Dreiviertelbruder Najo wieder suchte bei tiefem Boden eine trockene Insel auf, und wenn es auch nur ein ganz winzige Stelle inmitten der feuchten Umgebung war, und war nicht bereit, diesen Fleck freiwillig zu verlassen. Mittlerweile hat allerdings auch Najo die Annehmlichkeiten von Schlammbädern entdeckt.

Der Offenstall muss ebenso sauber gehalten werden wie Boxen in einem herkömmlichen Stall. Tägliches Ausmisten ist unbedingt nötig.

Auf der Koppel legen Pferde eigene Mistplätze an, die regelmäßig abgeräumt werden müssen.

Die Offenstallpferde sind selbstreinigend. Putzen wäre eigentlich nicht nötig. Übertriebenes Putzen ist eher schädlich, weil die Schutzschicht entfernt wird. Die Auseinandersetzung mit Keimen ist für die Gesundheit wichtig.

DIE PFERDE IN DER OFFENSTALLHALTUNG

Die Pferde sind in der Offenstallhaltung die Hauptpersonen, und alles was geschieht, sollte immer aus dem Blickwinkel betrachtet werden: Werden sich die Pferde dabei wohl fühlen?

Beschlagene oder unbeschlagene Hufe?
Grundsätzlich sollten Pferde in einer Offenstallhaltung nicht beschlagen sein. Dies ist nicht nur für den Boden und alle Einrichtungen besser, sondern verringert auch die Verletzungsgefahr. Auf keinen Fall dürfen Pferde Stollen an den Eisen haben. Für den Aufenthalt in dieser Haltung benötigt auch das Pferd mit schlechten Hufen keine Eisen. Wenn hier wirklich reiner Naturboden vorherrscht, werden die Hufe durch die immer wieder wechselnde Konsistenz des Bodens gestärkt und passen sich allmählich an jede Bodenart an, egal ob hart, weich, tief oder rutschig. Werden Pferde mit empfindlichen Hufen sportlich genutzt, wären Hufschuhe für die Ausritte eine bessere und auch gesündere Lösung als immer Eisen an den Hufen zu haben.

Sollen die Pferde in der Offenstallhaltung ein Halfter tragen?
Die Halfterfrage ist aus zwei Blickwinkeln zu betrachten: Einerseits ist es schwieriger, ein Offenstallpferd zu fassen und herbeizuholen als ein Boxenpferd. So besehen würde ein Halfter diesen Vorgang ein wenig erleichtern. Andererseits aber ist die Gefahr, dass ein Offenstallpferd mit seinem Halfter an einem Wandvorsprung, einem Riegel, einem Nagel, einem Ast hängen bleibt und sich dann nicht befreien kann, besonders groß.

Wo Pferde zur Fütterung angehängt werden, ist es gar keine Frage, dass sie Halfter tragen müssen, soll nicht vor jeder Fütterung eine umständliche Aufhalfterungszeremonie nötig werden. Sonst aber hat es sich bewährt, nur der Leitstute ein Halfter zu belassen. Diese ist zumeist ein älteres, abgeklärtes Tier, das Gefahren zu vermeiden versteht und sich nicht mehr so schnell irgendwo festhängt. Andererseits aber kann man im Notfall, etwa wenn die Pferde ausgekommen sind oder man auch nur die ganze Gesellschaft in den Stall befördern will, die Leitstute ergreifen und führen, während die anderen Pferde ohnedies aus purem Herdentrieb hintennach folgen.

Welche Vorteile hat die Offenstallhaltung für die charakterliche Entwicklung der Pferde?

Pferde im Offenstall werden selbständiger und damit selbstbewusster. Sie müssen sich nicht die ganze Zeit so verhalten, wie der Mensch es von ihnen verlangt, sondern dürfen sich wie ein Pferd benehmen und wie ein Pferd fühlen. Das macht sie ausgeglichener und damit auch für den Menschen angenehmer.

Damit aber der Mensch problem- und gefahrlos mit seinen Offenstallpferden umgehen kann, müssen sie auch entsprechend erzogen sein oder erzogen werden. Erziehung, das bedeutet in diesem Fall, sie müssen lernen, wie sie sich dem Menschen gegenüber zu verhalten haben, damit dieser keinen Schaden erleidet.

Pferde, die nicht regelmäßig gearbeitet werden, wie etwa Zuchtpferde oder Jungtiere, verlieren leicht ihre gute Erziehung, sind kaum mehr einzufangen und machen auch in der Handhabung Schwierigkeiten. Das ist der Nachteil der Selbständigkeit. Es sollten darum alle Pferde einer Offenstallhaltung ständig unmittelbaren Kontakt mit dem Menschen haben und nie verlernen, wie sie mit ihm umzugehen haben.

RANGORDNUNG

In Pferdegruppen gibt es wie in den meisten Tiergruppen eine Rangordnung, das heißt, manche Pferde haben etwas zu sagen, manche haben viel zu sagen, manche gar nichts. Handelt es sich bei der Offenstallhaltung um eine Gruppe, die immer beisammen ist, in der so gut wie keine Veränderungen eintreten, wo Pferde aller Altersgruppen, Fohlen, Jungpferde und erwachsene Tiere, Stuten und Wallache beisammen sind, dann kann man diese Gruppe als echte gewachsene Herde bezeichnen.

Wo hingegen in einer Haltung ein ständiger Wechsel der Pferde herrscht, kann eine ständig gültige Struktur nicht entstehen, und jeder Zu- oder Abgang bringt Unruhe, weil Rangpositionen aufs Neue geklärt werden müssen.

Wie sieht die Rangordnung in einer Herde aus?

Man darf sich die Hierarchie einer Pferdeherde nicht wie die Hackordnung bei den Hühnern vorstellen, wo jedes Huhn eines über sich hat, von dem es gepeckt werden darf, und eines unter sich, welches es selbst pecken darf. Bei den Pferden gibt es einen Boss, ein Alphatier, dem alle anderen untergeordnet sind. In der freien Wildbahn ist dies eine etwas ältere (aber nicht alte) erfahrene und durchschlagskräftige Stute, eine Leitstute. In einer von uns doch willkürlich zusammengestellten Haltung kann diese Rolle jedoch durchaus auch einmal ein Wallach übernehmen.

Welche Aufgaben hat das Alphatier?

Die Leitstute muss wissen, wo Gefahren drohen, was harmlos ist, was nicht. Das heißt, sie

Stuten und Wallache bunt gemischt: Gleichrangige Herdenmitglieder bedienen sich friedlich aus einer eigentlich viel zu kleinen Schüssel.

muss schon etliche Jahre Erfahrung gesammelt haben. Die anderen Herdenmitglieder verlassen sich da ganz auf ihre Chefin. Wenn ein Zug Blasmusik mit durchdringendem Trompetengeräusch an der Koppel vorbeizieht und die Herdenchefin signalisiert, dass das ganz bedeutungslos sei und man ohne Bedenken in Ruhe weiterfressen

Kleine Rangstreitigkeiten bringen Abwechslung in den Alltag.

könne, dann sehen auch die anderen Herdenmitglieder keinen Grund zur Aufregung. Eine gute, erfahrene Herdenchefin sorgt also dafür, dass die Herde nicht von einer unnötigen Aufregung in die andere fällt. Sie hat darüberhinaus auch die Aufgabe, für Ordnung bei ihren Herdenmitgliedern zu sorgen. Unbotmäßigkeiten nimmt sie nicht stoisch hin, sondern ahndet sie auf der Stelle mit verschiedensten Drohgebärden und wenn nötig auch mit Bissen. Eine gute Leitstute führt ein strenges Regiment. In solchen Herden herrscht ein ausgeglichenes Klima, Streitigkeiten sind eher selten.

Nach der Leitstute kommt im Rang eine Stellvertreterin (oder ein Stellvertreter), welche in Abwesenheit der Leitstute das Sagen hat, zwar sich der Leitstute bedingungslos unterordnet, andererseits aber höher steht als alle anderen Herdenmitglieder. Nach der Stellvertreterin folgen die anderen Herdenmitglieder in bunter Mischung. Sie haben alle ungefähr den gleichen Rang, einer ist ein bisschen höher, ein anderer etwas niedriger; hier wird auch oft gerangelt, um sich einem anderen Herdenmitglied vor die Nase zu setzen.

Wer ist der Omega?

Eine wichtige Position nimmt auch der Omega ein, der Prügelknabe der Herde. Er ist derjenige, der nicht nur von der Leitstute und deren Stellvertreterin, sondern auch von allen anderen Herdenmitgliedern gebissen, gejagt und vom Futterplatz vertrieben werden darf. Vor allem dient der Omega als Blitzableiter. Wenn ein Pferd sich über ein anderes, möglicherweise höherrangiges ärgert, lässt es seinen Zorn an dem armen Omega aus, der nun stellvertretend gebissen oder getreten oder gejagt wird.

Der Omega ist zumeist Kummer gewöhnt und hat gelernt, rechtzeitig auszuweichen. Gelegentlich ist der Omega gar nicht ein sehr rangniederes Pferd, es ist nur eines, das nicht gern mitten in der Gruppe lebt, sondern lieber etwas abseits. Ein Einzelgänger gewissermaßen.

Und welchen Rang nimmt der Hengst in einer Herde ein?

Der Hengst lebt, bei wild lebenden Tieren, nicht in der Herde, sondern am Rand der Herde. Seine Aufgaben sind nicht die eines Leittieres, sondern er hat für den Nachwuchs zu sorgen, weshalb er also sich in die Herde begeben darf, sobald eine Stute rossig ist, und er hat dafür zu sorgen, dass die Herde beisammenbleibt, was vor allem beim Weiterziehen oder auf der Flucht von Bedeutung ist. Zu langsame, trödelnde Tiere werden von ihm mittels kräftiger Bisse ins Hinterteil zu einer schnelleren Gangart angetrieben.

Die Junggesellengruppe ist auf dem Weg zu ihren nachmittägigen Spielchen.

In unseren Offenstallherden ist aus begreiflichen Gründen nur selten ein Hengst zu finden. Wo nicht planmäßig und verantwortungsbewusst gezüchtet wird, sollten Hengste nicht in der Herde leben. Eine planlose Vermehrung von Pferden ist sinnlos.

Dafür gibt es in unseren Offenstallgruppen Wallache, die in der freien Natur nicht vorhanden sind, aber deren Rolle am ehesten der eines Junghengstes entspricht, der sich nur am Rande der Herde aufhalten darf. Man findet deshalb in unseren Koppeln, wo es meist nicht möglich ist, sich am Rande der Herde aufzuhalten, richtige Junggesellengruppen, die auch gemeinsam ihren Hengstspielchen nachgehen. Hätte einer der Wallache in der freien Wildbahn die Chance gehabt, ein Herdenhengst zu werden, dann kann es da in der Offenstallhaltung manchmal zu Schwierigkeiten kommen, weil er ein hengstartiges Verhalten zeigt.

RASSEN

Ursprünglich meinte man, eine Offenstallhaltung wäre nur für gewisse Robustrassen geeignet wie Haflinger, Isländer, Shetties und ähnliche. Vollblüter und andere „edle" Rassen hingegen müssten unbedingt in den Genuss einer Boxenhaltung kommen. Die vielen Offenstallhaltungen, die mittlerweile entstanden sind und in denen sich Pferde der unterschiedlichsten Rassen tummeln, haben diese Ansicht längst widerlegt. Ist eine Offenstallhaltung richtig angelegt, berücksichtigt sie praktisch die besonderen Bedürfnisse aller Pferdearten, vom Frischluftfreak bis zum Stubenhocker, vom abenteuerlustigen Jungpferd bis zum auf Ruhe bedachten älteren Semester, vom gesellschaftsliebenden Pferd bis zum Einzelgänger.

Für jeden etwas: da können die so genannten „Robustpferde" ruhig ihr Nickerchen im Schnee machen, dünnhäutige Araber sich vor der Insekteninvasion in den Unterstand oder Stall flüchten, Ponys sich statt in den Unterstand in den Schatten von Bäumen zurückziehen. In einer gut eingerichteten Offenstallanlage, die auf das natürliche Verhalten der Tiere Rücksicht nimmt, fühlen sich Pferde aller Rassen wohl.

ALTER

Eine Offenstallgruppe sollte stets aus Tieren der unterschiedlichsten Altersstufen bestehen. Es macht keinen Sinn, zum Beispiel gleichaltrige Jungpferde in einer Haltung zusammenzugeben. Hier nämlich kann sich keine echte Rangordnung herausbilden, weil jenes Pferd fehlt, welches den entsprechenden Erfahrungsvorsprung hat und somit als Alphatier, als Vorbild und Erzieher wirken kann. Besteht die Gruppe nur aus Gleichaltrigen, so herrscht hier keine echte Rangordnung, sondern ganz einfach das Recht des Stärkeren. Pferde, die in einer Gruppe Gleichaltriger aufwachsen, haben eine ganz falsche Vorstellung von ihrem Rang und können auch für den Menschen sehr schwierig werden.

Das Leben im Offenstall ist für Pferde jeden Alters vorteilhaft. Hier gibt es keinerlei Einschränkungen. Die unbegrenzte Bewegung, das Leben in einem sozialen Gefüge, dies alles ist für jede Altersstufe zuträglich.

ALTE PFERDE

Wenn alte Pferde in einer Offenstallhaltung leben, gibt es gleichfalls keine nennenswerten gesundheitlichen Probleme. Es bekommt ihnen im Gegenteil, dass sie sich nach Belieben bewegen können und sie so ihren Körper, Gelenke, Muskeln und Kreislauf in Schwung halten. Es zeigt sich, dass Pferde in Offenstallhaltungen oft ein besonders hohes Alter erreichen.

Etwas anders steht es um die psychische Situation der alten Pferde. Wie weit sie sich in ihrer Gruppe wohl fühlen, hängt sehr von

Damit auch das alte Pferd ungestört fressen kann, wird man ihm sein Futter in entsprechendem Abstand von den anderen verabreichen. Hier frisst die 27jährige Stute (links vorne) ganz unbelästigt.

deren Zusammensetzung ab. Gibt es in dieser Haltung fast ausschließlich ältere Pferde, wie dies etwa auf einem Gnadenhof der Fall ist, dann sind kaum Schwierigkeiten zu erwarten. Anders kann es sein, wenn in der Gruppe Pferde aller Altersstufen beisammen sind und sich darunter sehr dominante Tiere befinden. Nur allzu gern lassen vor allem die jungen an den alten Tieren ihren Übermut aus und machen ihnen so das Leben schwer. Aber nicht nur Halbwüchsige können für die alten Tiere unangenehm werden, auch die erwachsenen Pferde können seht grausam sein und das alte Tier vom Futterplatz verjagen, es nicht in den Unterstand hineinlassen, es in seinen Ruhepausen stören.

Wie kann ich den alten Pferden das Leben erleichtern?

Der Offenstallbesitzer muss da besonders aufmerksam sein und trachten, Abhilfe zu schaffen, wo dies nötig ist. Ein extra Futterplatz für das alte Pferd, ein zweiter Ausgang beim Unterstand, etwas Extrafutter, das man in der Box verabreicht. Überhaupt wird man da die „Krankenbox“ vermehrt benützen, um dem alten Pferd ungestörte Futteraufnahme zu garantieren. In besonders krassen Fällen kann man es auch in der Box übernachten lassen, damit es für einige Stunden ungestört ruhen und sich hinlegen kann, ohne befürchten zu müssen, dass es von irgend einem anderen Herdenmitglied aufgescheucht wird.

Zum Glück stehen alte Pferde nicht den ganzen Tag über im Abseits, sondern werden zwischendurch auch mitten in der Herde geduldet, wie hier in der Mitte die Stute mit Halfter und Senkrücken.

Dieses Ausgrenzen von alten Pferden deutet nicht auf einen schlechten Charakter der anderen Tiere hin. Man darf das nicht missinterpretieren! Dass eine Herde versucht, sich von ihren alten Mitgliedern zu trennen, hat einen tieferen Grund. In der freien Wildbahn, wo oft nur die schnelle Flucht Pferde vor dem Beutegreifer retten kann, wären alte Pferde hinderlich, weil sie einfach nicht mehr mit den anderen Schritt halten können. So geraten sie von selbst ins Abseits, bleiben am Rande der Gruppe; ziehen sich die alten Pferde nicht von selbst zurück, werden sie von den anderen verjagt.

Allerdings werden alte Pferde nicht die ganze Zeit über ausgegrenzt, sie werden zeitweise durchaus in der Herde geduldet wie jedes andere Mitglied auch

KRANKE PFERDE

Nicht besser als alten Pferden ergeht es in der Gruppe den kranken Pferden. Auch sie werden von den anderen Herdenmitgliedern ausgegrenzt und verjagt. Und auch hier macht das wieder Sinn, weil so vermieden wird, dass ein krankes Pferd die ganze Gruppe ansteckt, aber auch dass es, so wie das alte Pferd, die Herde nicht auf der Flucht behindern kann.

Der Mensch, der die Offenstallhaltung betreibt, ist also auch hier gefordert, um dem kranken Pferd das Leben zu erleichtern. Er muss garantieren, dass auch das kranke Pferd zu seinem Futter kommt, seine Medizin erhält und alle Therapien durchgeführt werden, die von Tierarzt verordnet wurden.

Kranke Pferde sind in der Herde unerwünscht. Sie werden erbarmungslos verjagt

Wo Offenstallhaltung nicht möglich ist, stellt die Paddockhaltung eine gewisse Alternative dar. Zwischen den einzelnen Paddocks gibt es hier zum Glück keine undurchsichtigen Abzäunungen, daher können die Pferde miteinander Kontakt aufnehmen. Allerdings ist der gepflasterte Boden eine Konzession an die Sauberkeit. Naturboden wäre den Pferden zuträglicher.

Letzteres könnte in der Offenstallhaltung auf Schwierigkeiten stoßen, weil die anderen Pferde immer wieder im Weg sind. Spätestens jetzt wird der Offenstallbesitzer erkennen, wie wichtig eine Krankenbox in seiner Haltung ist.

Was tun bei ansteckender Krankheit?
Ansteckungsgefahr ist an und für sich gegeben, wenn die Tiere gemeinsam am Futterplatz fressen oder auch bloß nahe beieinander stehen. Wird das kranke Pferd nicht ohnedies von den anderen Herdenmitgliedern weggescheucht, wird man es entweder in der Krankenbox isolieren oder einen kleinen Teil des Auslaufes mittels Elektrozaun abgrenzen und so eine Isoliermöglichkeit schaffen.

HENGSTE

Aus nahe liegenden Gründen werden bei uns Hengste nur in den seltensten Fällen Mitglied einer Offenstallhaltung sein. Zwar wäre es die natürlichste Sache der Welt und sowohl für den Hengst wie auch für die Stuten sehr erfreulich, wenn ein Hengst als Herdenhengst dabei sein könnte. Doch wer nicht züchten will, wird davon gewiss Abstand nehmen.

Manchmal wird versucht, den Hengst dabeizulassen und eventuell rossige Stuten für die Dauer der Rosse aus der Gruppe herauszunehmen, doch ist dies ein riskantes Unternehmen. Viele Stuten zeigen die Rosse nicht so deutlich an, dass der Mensch dies rechtzeitig bemerkt, während der Hengst da natürlich viel schlauer und schneller ist.

Versuche, Hengste als eigene Gruppe oder gemeinsam mit Wallachen in eine spezielle Offenstallhaltung zu geben, glücken nicht immer. Vor allem Deckhengste sind nur selten in Gruppen zu halten. Aber auch sonst artet eine reine Herrengesellschaft leicht in eine reine Raufgesellschaft aus.

Hengste sind also insofern benachteiligt, als ein Leben im Offenstall kaum für sie in Frage kommt. Sie müssen sich mit einer eigenen, separierten Unterkunft, vielleicht neben der Offenstallkoppel mit absolut sicherem Zaun dazwischen, oder auch mit einem Paddock begnügen.

Wo aber ein männliches Pferd nicht von jener erstklassigen Qualität ist, die seinen Einsatz als Deckhengst rechtfertigt, wäre es ohnedies sinnvoller, es kastrieren zu lassen und ihm so ein angenehmes Leben in einer Offenstallgesellschaft zu ermöglichen.

FOHLEN

Fohlen und Jungpferde, also Tiere, die noch im Wachsen sind, wird ein verantwortungsvoller Züchter oder Pferdebesitzer stets in einem Offenstall und niemals in einer Box halten. Der junge, im Aufbau befindliche Organismus braucht die Möglichkeit zu uneingeschränkter Bewegung. Das heißt nicht, dass Fohlen den ganzen Tag herumgaloppieren, das heißt nur, dass ein tatenloses Herumstehen wie bei der Boxenhaltung (selbst wenn es dazwischen Koppelaufenthalt gibt) und damit ein Mangel an Bewegung der Entwicklung entschieden abträglich ist. Man darf sich auch nicht damit trösten, dass das Fohlen mit seiner Mutter ja im Sommer auf eine Weide kommt. Der Winter ist lang, viel länger als die Weideperiode.

Zwar brauchen Jungpferde, die in einem Offenstall leben, länger, bis sie ausgewachsen und voll entwickelt sind, doch ist dies nicht als Nachteil, sondern als Vorteil zu sehen. Je mehr Zeit Gelenke, Muskeln, Sehnen und Knochen sowie die inneren Organe haben, um zur vollen Reife zu gelangen, desto gesünder und leistungsfähiger entwickeln sie sich. Was man in der Jugend dem Pferd an Entwicklungszeit schenkt, das gewinnt man schließlich an Gesundheit, Lei-

Absolut sicher fühlt sich das Fohlen im Schutz der Herde und von seiner fürsorglichen Mutter bewacht.

In der Herde lernt das Fohlen, wo sein Platz ist, lernt gleichzeitig aber auch, sich gegen andere zu behaupten.

stungsfähigkeit und „Nutzungsdauer". Es sind also keineswegs verlorene Jahre.

Noch ein weiterer, für die Entwicklung des jungen Pferdes wichtiger Aspekt fehlt bei der Boxenhaltung und kann nur in einer Offenstallhaltung zum Tragen kommen: Das Fohlen wird von den Herdenmitgliedern erzogen. Es lernt, was es darf, was es nicht darf, wen es zu respektieren hat und was geschieht, wenn man sich unbotmäßig benimmt, aber auch was gefährlich ist und was nicht. Es lernt andererseits jedoch auch, sich durchzusetzen und mit Pferden aller Altersgruppen und Charaktere auszukommen.

Es ist nämlich nicht so, dass dem Fohlen diese Erziehung von seiner Mutter zuteil wird. Die Mutterstute ist nur auf das Wohlergehen ihres Kindes bedacht, ist bemüht, es vor Gefahren zu schützen, lässt ihm entsprechende Zärtlichkeit angedeihen und hat die ganz wichtige Funktion der Milchflasche. Die Erziehung wird dem kleinen Ding von seinen Onkeln und Tanten zuteil. Jungpferde, die nicht in den Genuss dieser Erziehung kommen, tun sich später sehr schwer, wenn sie doch plötzlich mit anderen Pferden zusammenleben sollen. Sie sind aber auch für den Menschen nicht gerade angenehm, weil ihnen ganz Entscheidendes in ihrer Charakterbildung fehlt. Respektlose Pferde etwa sind zumeist einzeln oder in einer Gruppe Gleichaltriger aufgewachsen, nicht aber in einer Gruppe, in der es Tiere aller Altersgruppen gibt und die in der Struktur einer echten Herde ähnelt.

TURNIER- UND AUSBILDUNGSPFERDE

Die Meinungen darüber, ob auch Sportpferde in einer Offenstallhaltung leben sollen, gehen weit auseinander. An und für sich würde gerade diesen speziell geforderten Pferden das gesunde Offenstalleben gut tun, doch scheitert es zumeist am Organisatorischen. Pferde, die im Offenstall leben, sehen naturbelassen aus. Und genau diesen Eindruck will man mit seinem Sportkameraden auf Turnieren nicht erwecken. Hier geht es neben der sportlichen Leistung sehr wohl auch um gutes und „gepflegtes“ Aussehen.

Um den armen Turnierpferden doch auch die Vorteile eines Offenstalles zugute kommen zu lassen, könnte man gewisse Abänderungen erwägen, etwa das Pferd in der Nacht vor dem Turnier, wenn es bereits piekfein geputzt ist, in einer Box, vielleicht in der Krankenbox übernachten lassen, oder einen kleineren separaten Teil der Koppel, der über einen künstlichen und daher das Tier nicht verschmutzenden Boden verfügt, als Ausweichquartier für das Sportpferd in der Turnierzeit zu verwenden.

In Trainingsställen, wo immer wieder neue Pferde zur Ausbildung kommen, bewährt sich die Offenstallhaltung nicht, denn es herrscht durch den ständigen Wechsel viel Unruhe. Da kann keine funktionierende Gruppe entstehen. Rangstreitigkeiten sind an der Tagesordnung. Und kaum hat sich die Gesellschaft zusammengerauft, kommt schon wieder ein neues Pferd in die Gruppe und der ganze Rummel geht von neuem los.

Ausbildungspferde, die nur über einen kürzeren Zeitraum bleiben sollen, werden deshalb zweckmäßiger in Boxen mit Paddockauslauf untergebracht.

ANZAHL DER PFERDE

Es ist nicht egal, wie viele Pferde in einer Offenstallgruppe zusammenleben. Ganz sicher ist, dass man ein Pferd nicht einzeln in einem Offenstall halten kann, denn Pferde sind Herdentiere und brauchen die Gesellschaft anderer Pferde. Ziegen, Schafe oder Hunde sind bestenfalls eine Notlösung für den Übergang, aber niemals ein wirklicher Ersatz für die Gesellschaft von Artgenossen. Auch der Mensch kann seinem Liebling Pferdegesellschaft nicht ersetzen. Das einzelne Pferd fühlt sich auch in der schönsten Offenstallhaltung ebenso einsam als ob es das einzige Pferd in einem Boxenstall wäre.

Allerdings gibt es hinsichtlich der Pferdezahl in einer Gruppe auch eine obere Grenze. Selbst in der geräumigsten Anlage mit ausgedehntem Auslauf darf man nicht beliebig viele Pferde unterbringen. Pferde schließen sich in freier Wildbahn nur zu Herden begrenzter Größe zusammen, im Durchschnitt sind es kaum mehr als zehn oder zwölf Tiere, abhängig von der Rasse. So leben Shetlandponys auch in Herden von zwanzig Tieren, während Arabergruppen oft nur aus einer Kleinfamilie von Vater, Mutter und Kind bestehen. Für unsere zumeist aus Rassengemischen bestehenden Offenstallgruppen ist deshalb die Größe von zehn bis zwölf Pferden als Obergrenze vorteilhaft.

Was geschieht, wenn in einer Offenstallgruppe zu viele Pferde vorhanden sind?

Sobald sich zu viele Pferde in der Gruppe befinden, teilt sie sich ganz automatisch in zwei Herden. Das ist ein absolut natürlicher Vorgang, und in der freien Natur verläuft auch alles problemlos. Nicht so in einer von Menschenhand geschaffenen und räumlich naturgemäß begrenzten Offenstallhaltung.

Hier können sich die beiden nun entstandenen Herden nicht so weit aus dem Weg gehen, wie dies üblicherweise nötig wäre. Zwischenfälle durch Gebietsstreitigkeiten sind vorprogrammiert.

DIE UMSTELLUNG AUF OFFENSTALLHALTUNG

Werden Pferde von Boxenhaltung auf Offenstallhaltung umgestellt, erfordert dies eine gewisse Eingewöhnungszeit. Obwohl diese Haltungsform den natürlichen Bedürfnissen und dem im Instinkt verankerten Verhalten sehr entgegenkommt, können Pferde durch Haltung in Boxen bereits so weit in ihrem Verhalten geschädigt sein, dass sie sich in der viel Selbständigkeit erfordernden freieren Haltungsform zunächst gar nicht zurecht finden. Dies trifft vor allem für Pferde zu, die entweder gar nicht oder immer nur allein oder mit ein bis zwei Intimfreunden auf der Koppel waren. Boxenpferde, die sich tagsüber zumeist mit einer Gruppe anderer Stallgefährten auf der Koppel aufhielten, tun sich da wesentlich leichter. Wenn also anfangs nicht alles so klappt, wie man es sich vorgestellt hat, darf man nicht gleich die Flinte ins Korn werfen, sondern muss den Pferden eine gewisse Eingewöhnungszeit zugestehen; viele müssen erst den Umgang mit anderen Artgenossen wieder erlernen. Auch der Rang, welchen die einzelnen Tiere in der nun entstehenden Herde einnehmen, muss abgeklärt werden.

Andererseits darf man sich auch nicht täuschen lassen, wenn von Anfang an alles ganz friedlich verläuft. Das ist noch lange keine Garantie dafür, dass es keine Probleme gibt. Manchmal dauert es einige Tage, bis die Pferde, welche doch von der Umstellung überrascht sind, sich so weit gefangen haben, dass sie nun ihre Position in der neuen Herde klar machen können.

Wann ist die beste Zeit für die Umstellung?
Es ist selbstverständlich nicht egal, zu welchem Zeitpunkt des Jahres die Umstellung erfolgt, denn der Organismus des Pferdes muss sich erst auf die anderen Anforderungen einstellen, fällt doch nun die vor Witterungsunbilden und Temperaturschwankungen schützende Umgebung weg. Jedoch ist der Organismus der Pferde, so es sich nicht um extrem naturfern gezüchtete Tiere handelt, sehr anpassungsfähig, und es dauert meist nur acht bis zehn Tage, bis sie sich auch an extreme Witterungsbedingungen gewöhnt haben.

Trotzdem wird man dem Tier die Umstellung erleichtern, indem man es nicht in der kalten und ungemütlichen Jahreszeit aus dem zumeist viel zu warmen Boxenstall nimmt und in einen Offenstall übersiedelt. Am leichtesten tut sich der Organismus, wenn man das Pferd in den späten Frühlingstagen, wenn die Luft lau, aber noch nicht heiß ist, in den Offenstall übersiedelt. Da lernt der Körper nun, sich zunächst nur an den verstärkten Luftreiz zu gewöhnen, schließlich an Wind und Regen, an die Hitze des Sommers, und am Ende bereitet es gar keine Schwierigkeiten mehr, ein entsprechend dickes Fell als Schutz für den Winter auszubilden.

Auf keinen Fall darf man sich dazu verleiten lassen, einem frisch übersiedelten Pferd bei Kälteeinbruch eine Decke überzulegen, denn dann wird sich der Körper niemals an die Temperatur- und Witterungsunterschiede gewöhnen.

PFERDEWECHSEL

Es macht natürlich einen gewaltigen Unterschied, ob man nur ein einzelnes Pferd in eine bereits bestehende Offenstallherde übersiedelt oder eine Offenstallanlage völlig neu errichtet und praktisch alle Pferde hier neu sind.

Zwar müssen sich Pferde erst zusammenraufen, und jedes muss seinen Platz in der Gruppe finden, Freunde gewinnen, Feinde auf Distanz halten, aber wenn nun ein einzelnes Tier neu in eine bereits bestehende, fest gefügte Gruppe kommt, dann ist es eigentlich zu bedauern. Es bedarf schon einer gehörigen Portion Selbstbewusstsein, sich gleich mit drei, vier oder auch zehn zunächst feindlich gesinnten Pferden auseinander zu setzen.

Man könnte im Prinzip den Neuankömmling seinem Schicksal überlassen und warten, bis alle sich zusammengerauft haben. Dies wäre ein absolut natürlicher Vorgang. Weil wir aber zu heftige Streitigkeiten schon wegen der Verletzungsgefahr vermeiden wollen, müssen wir eine andere Möglichkeit finden.

Dass eine bereits fest gefügte Gruppe Eindringlinge zu verjagen trachtet, ist ganz natürlich. Daher bewährt es sich, wenn man der Gruppe den Neuling nicht gleich unmittelbar hineinstellt, sondern diesen einige Zeit jenseits des Auslaufs platziert, so dass sich die Herde an ihn gewöhnen und ihn schließlich als vertraut empfinden kann. Das heißt zwar noch nicht, dass sie dieses Pferd dann gleich in ihrer Gruppe willkommen heißen, aber trotzdem geht der Anpassungsvorgang ruhiger vor sich.

Die Idee, mitten in der Haltung eine Art Gehege für den Neuankömmling zu errichten, wo er noch mittels Umzäunung von den anderen abgetrennt ist, aber doch von allen in Augenschein genommen werden kann, damit eine Gewöhnung erfolgt, ist nicht sinnvoll, weil das arme in diesem Gehege befindliche Pferd keinen Punkt hat, an den es sich zurückziehen kann und von den anderen ungestört ist. Es lebt vielmehr in ständiger Angst, weil sich ringsum fremde Pferde befinden, keine Fluchtmöglichkeit besteht, und das arme Tier nicht ganz sicher sein kann, dass ihm von keinem Pferd Gefahr droht. Eine Abteilung für den Neuling darf immer nur unmittelbar neben der Offenstallhaltung oder in einer Ecke eingerichtet werden, damit der Neuankömmling die Möglichkeit hat, sich in ein ruhiges und sicheres Eck zurückzuziehen.

Wesentlich einfacher ist die Eingliederung eines Neulings bei Gruppen von alten oder rekonvaleszenten Pferden. Hier ist die Streit- und Kampfeslust nicht so ausgeprägt wie bei Tieren, die im Vollbesitz ihrer Kräfte sind.

Wie ergeht es „Heimkehrern"?

Das, was einem Neuling in der Gruppe widerfährt, gejagt zu werden, nicht an das Futter herangelassen werden, aus dem Unterstand ausgegrenzt werden, das passiert auch Pferden, die ursprünglich zu dieser Herde gehörten, aber aus irgendeinem Grund längere Zeit abwesend waren, vielleicht auf der Deckstation oder zur Ausbildung. Auch sie werden nicht gleich mit offenen Armen aufgenommen, sondern gleichfalls als Fremdkörper empfunden und gejagt. Es kann sein, dass man solch einem Heimkehrer eine Woche oder noch länger sein Futter in einem entlegenen Teil der

Koppel verabreichen muss, damit er überhaupt etwas fressen kann, dass er bei Regen, Sturm und Schnee im Freien ausharren muss und sein Fell von den Bissen seiner ehemaligen Freunde ganz zerzaust ist. Wie lange diese Ausgrenzung dauert, hängt allerdings sehr vom Verhalten des hinzugekommenen Pferdes ab. Wenn etwa die Herdenchefin längere Zeit abwesend war, macht sie durch ihr energisches Verhalten den anderen Pferden sehr schnell klar, wer hier das Sagen hat. Die Ruhe kehrt schon nach wenigen Minuten ein. Ein Pferd, das schon von vornherein davonzulaufen beginnt, sobald sich ein Herdentier auch nur nähert, wird bald von allen gejagt und kommt stunden-, ja tagelang nicht zur Ruhe.

Jedes Pferd hat eine gewisse Vorstellung vom eigenen Rang, und danach richtet sich sein Verhalten. Auch der Neuling, der allein in eine bereits gefügte Herde kommt, kann durch sein Auftreten entweder die Jagdlust der anderen herausfordern oder sie beeindrucken und daher bald eine entsprechende Position einnehmen.

Ein solches Beispiel lieferte ein zweijähriger Junghengst, der in eine schon seit vielen Wochen bestehende Sommerweidengruppe vorwiegend älterer Pferde hineingestellt wurde. Doch alle Gruppenmitglieder, die sich schon auf eine fröhliche Hatz gefreut hatten, wurden enttäuscht. Der von sich selbst ungemein überzeugte Zweijährige ignorierte die Gruppe total und begab sich zum Alphatier, einem Hengst im mittleren Alter, und legte sich mit diesem an. Die Überlegung war ungemein schlau, denn nun gab es nur zwei Möglichkeiten: gelang es ihm, des Alphatier zu besiegen, war er sofort der Chef. Unterlag er, war er immer noch der Zweite in der Rangordnung. Als Zweijähriger hatte er natürlich keine echten Chancen gegen den Boss, und so konnte er nicht ganz die Spitze erlangen, aber den Respekt aller anderen Herdenmitglieder hatte er sich gesichert.

Anders schaut es aus, wenn Pferde in eine schon bestehende Herde hineingeboren werden. Hier gibt es keine nennenswerten Schwierigkeiten. Die Fohlenmutter hat nur zunächst mit der Neugier der anderen Herdenmitglieder zu kämpfen, die alle den Neuankömmling ausgiebig in Augenschein nehmen und beriechen wollen. Doch diese Unruhe ist nur von kurzer Dauer, dann ist das Fohlen ein voll akzeptierter Bestandteil der Herde.

Und wenn Pferde aus der Herde weggehen?
Doch nicht nur neu hinzukommende Pferde bringen das Herdengefüge durcheinander, auch wenn eines der Tiere aus dem Verband weggeholt wird, gibt es Unruhe. Vielleicht war dieses Tier das Alphapferd, vielleicht der Omega. Wichtige Positionen werden auf diese Weise vakant und müssen neu besetzt werden. Möglicherweise war es auch nur der beste Freund eines anderen Herdenmitglieds, das nun plötzlich alleingelassen ist und sich neue Freundschaften aufbauen muss.

WITTERUNG

Ein immer wieder vorgebrachtes Argument gegen die Offenstallhaltung lautet, dass bei uns die Witterungsverhältnisse nicht so wären, dass man Pferde ganzjährig im Freien lassen könnte. Das ist ein Irrtum:

Der Organismus der Pferde ist ungemein anpassungsfähig, und die Natur hat allerlei Möglichkeiten vorgesehen, den Körper des Pferdes für jede Witterung fit zu machen.

Wie überstehen Offenstallpferde den Winter?
Die größte Sorge der Pferdebesitzer gilt natürlich dem Winter, der in unseren Breiten schon zeitweise sehr tiefe Temperaturen und große Mengen von Schnee mit den dazugehörigen Schneestürmen bringen kann. Doch sorgt die Natur dafür, dass die Pferde gegen die Kälte des Winters geschützt sind: Eine gute Fettschicht unter der Haut wird schon im Herbst angelegt. Man sollte sich also nicht wundern, wenn die Pferde um diese Zeit etwas rundlicher wirken. Dazu kommt dann äußerlich ein der Temperatur entsprechend dickes Winterfell, das bei dem einen Pferd länger, beim anderen kürzer sein kann. Das ist vor allem rassetypisch. Doch ist das kürzere Fell ein ebensoguter Isolator wie das lange, denn das kurze ist dafür dichter angelegt.

Wenn ein Pferd keine entsprechende Fettschicht anlegen konnte, wird das Winterfell umso dichter, damit der Kälteschutz auf jeden Fall garantiert ist. Gelegentlich kann das Fell auf der Rückseite auffallend lang werden. Diese „langen Unterhosen" stellen einen ganz besonderen Schutz gegen Wind und Kälte dar.

Dass der Schnee an kalten Tagen auf dem Rücken der Pferde liegen bleibt, ohne zu schmelzen, ist ein Beweis für die gut funktionierende Isolation des dicken Fells, das nicht erlaubt, dass die Körperwärme nach außen abgegeben wird.

Auch gegen die Feuchtigkeit hat die Natur einen entsprechenden Schutz vorgesehen: Ein

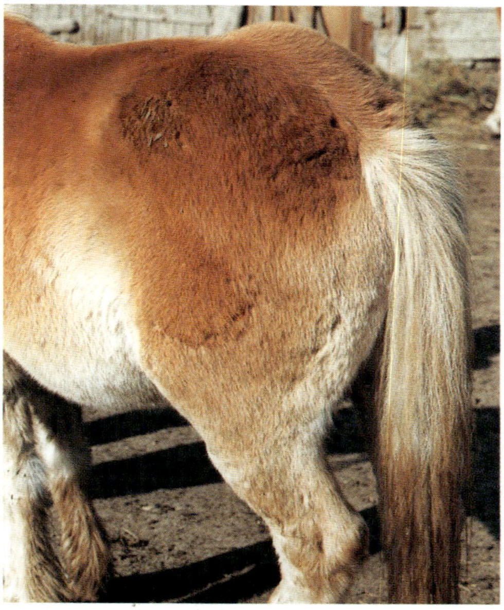

Schon im September entwickeln die Pferde ein dichteres und langhaariges Fell, welches sich mit fortschreitender Jahreszeit immer mehr zu einem „Pelzmantel" entwickelt.

Fettbelag auf Haut und Fellhaaren schützt vor starker Durchnässung, und durch die spezielle Lage der Fellhaare bilden sich richtige „Regenrinnen", die das Wasser abfließen lassen. Um weder die so wichtige Fettschicht noch die Regenrinnen zu zerstören, sollte man ein Offenstallpferd niemals intensiv putzen. Das Langhaar schützt Kopf und Rückseite vor Wind und zu großer Feuchtigkeit.

In ihrem Verhalten passen sich Pferde ebenfalls an die Witterung an: bei starkem kaltem Wind wenden sie die Hinterseite dem Luftstrom zu, weil dort der Schweif, bei manchen sogar eine extra dichte „Ponyglocke" schützt. Bei extremer Kälte stellen sie sich nahe zusammen, so dass die Körperwärme nicht abstrahlt, sondern zwischen den einzelnen Pferdekörpern erhalten bleibt.

Gerade im Winter ist die Luft in den üblichen Stallungen durch den starken Ammoni-

Pferde empfinden den Winter nicht als unangenehme Jahreszeit. Sie halten sich vorwiegend im Freien auf.

akgehalt und die meist schlechte Durchlüftung sehr ungesund. Daher ist zu dieser Zeit die Offenstallhaltung der Gesundheit wesentlich zuträglicher. Allerdings sollten wir beim Stallbau darauf achten, den Pferden auch den entsprechenden zusätzlichen Schutz zu bieten, den sie aufsuchen können, wenn ihnen danach zumute ist. Dazu muss dieser Unterstand auch entsprechend konstruiert sein. Ein Unterstand mit nur einer, zwei oder drei geschlossenen Seiten ist bestenfalls für die schöne Jahreszeit geeignet. Für ganzjährigen Aufenthalt empfehlen wir sicherheitshalber unbedingt ein stallartiges Gebäude mit vier geschlossenen Seiten und einer, gegebenenfalls zwei Türöffnungen. Das gibt empfindlicheren oder älteren Pferden die Möglichkeit, jederzeit Schutz zu suchen.

Türen schließen - oder nicht?
Unnötig, ja eigentlich unsinnig ist es, in der kalten Jahreszeit die Tür mit Decken zuzuhängen oder mit Plastik-Flügeltüren zu versehen. So erzielt man ja denselben Effekt wie im herkömmlichen Stall, wo die Luft durch den ständig vorhandenen Mief aus Pferdeharn gesundheitsschädlich wird. Ein Verschließen der Türöffnung ist auch bei extremster Kälte nicht nötig. Wichtig ist jedoch, dass der Stall auch die nötige Tiefe aufweist, damit sich die Tiere im Bedarfsfall in einen türfernen und daher windgeschützten Bereich zurückziehen können. Doch mit Überraschung wird jeder Offenstallbesitzer in seiner ersten Saison die Erfahrung machen, dass seine Pferde beim ärgsten Schneegestöber gern im Freien ausharren und oftmals gar mit einer dicken Schneeschicht bedeckt sind.

Die gern kolportierte Geschichte, dass sich Pferde bei großer Kälte warm laufen würden, ist übrigens eine Ente. Durch das Herumlaufen würde der Körper nämlich zusätzlich ausgekühlt, weil nun der kalte Wind durch die Fellhaare streifen kann und die Körperwärme absaugt. Das Pferd steht vielmehr ruhig herum, aber die Haare des Fells besitzen eine sehr sinnvolle Einrichtung: Bei Kälte können sie sich aufstellen und so das Fell gewissermaßen verdichten. Die Körperwärme wird durch diese dicke Fellschicht dort zurückgehalten, wo sie benötigt wird. Pferde mit einer Decke gegen die Kälte zu versehen ist deshalb ein Unfug, weil sich erstens der Körper dann nicht an die Temperatur anpassen kann und man zweitens dem Fell die Möglichkeit nimmt, die Haare aufzustellen. Wenn Pferde im Winter zittern, dann zittern sie nicht vor Kälte, sondern sie zittern sich warm, auch das ist eine weise Einrichtung der Natur.

Die zeitweise eisig kalte Luft schadet den Atmungsorganen nicht. Bei dem langen Weg, den sie von den Nüstern bis zur Lunge zurücklegen muss, wärmt sie sich hervorragend auf.

Dürfen Pferde im Schnee schlafen?
Pferde wälzen sich nicht nur mit Begeisterung im Schnee, was ihrem Fell ganz besonders gut bekommt, sie lassen sich auch zu einem kurzen Schläfchen in die kalte Pracht sinken, was mit natürlicher Pferdehaltung nicht vertraute Menschen oft mit Entsetzen erfüllt. Weil aber Offenstallpferde jederzeit die Gelegenheit haben, sich auch in den Stall zu begeben, fühlen sie sich offenbar auch auf dem kalten Untergrund sehr wohl, sonst würden sie sich ja zum Schlafen ins Stallinnere zurückziehen.

Brauchen Offenstallpferde spezielles Winterfutter?
Die Fütterung im Winter ist oft ein Grund für heftige Diskussionen. Wenn die Pferde im Winter mehr Energie verbrauchen, um ihren Körper auf Temperatur zu halten, so erscheint es logisch, dass man dafür besser füttern muss. Allerdings wird der Bedarf häufig stark überschätzt. Laut Fütterungsfachmann Helmut Meyer benötigen Pferde erst ab einer Temperatur von minus zehn Grad eine Erhöhung der Ration. Man erhöht dabei aber nicht die Kraftfutterration, sondern das Raufutter, da das Heu bei der Verdauung Wärme erzeugt.

In einzelnen Teilen unterscheidet sich die Winterfütterung doch von der sonst üblichen. Da nun weder Weide noch Grünfutter vorhanden ist, sondern ausschließlich Heu und vielleicht auch Stroh gefüttert wird, ist das Futter sehr trocken. Als Ausgleich sollte man saftige Beigaben wählen. Das wären in erster Linie die allseits beliebten Karotten, die außer ihrem Saftgehalt vor allem das im Verlaufe des Winters immer wichtiger werdende ß-Carotin enthalten. Auch Äpfel sind ein sinnvolles Saftfutter. Besonders geeignet sind Futterrüben oder Zuckerrüben. Man kann sie in kleine Stücke geschnetzelt, grob zerteilt oder auch ganz vorlegen. Allerdings ist stets darauf zu achten, dass dieses Futter nicht in gefrorenem Zustand verabreicht wird.

Rübenschnitte sind ganz besonders geeignet, weil sie ja vor dem Verfüttern längere Zeit in Wasser eingeweicht und schließlich gequollen verfüttert werden. Ideal ist es, die Rübenschnitte mit heißem Wasser einzuweichen und dann den Behälter gut abzudecken. So bekommen die Pferde das Futter noch in lauwarmem Zustand vorgesetzt, was bei niedrigen Temperaturen von den Pferden sehr geschätzt wird.

Nicht vergessen darf man die Zufütterung von Vitaminen, weil das Heu im Laufe der Lagerung vor allem Vitamin A verliert. Am besten verwendet man eine der überall erhältlichen Mischungen von Vitaminen, Mineralstoffen und Spurenelementen. Wer Fertigfutter gibt, muss sich da weiter keine Sorgen machen, hier sind zumeist die entsprechenden Vitamin- und Mineralstoffmengen schon im Futter enthalten.

Und wie sieht es in der „schönen“ Jahreszeit aus?

Pferde haben eine ganz andere Vorstellung von schönem Wetter als der Mensch. So können sie den starken Gewitterregen wie ein Duschbad genießen, andererseits aber zu Zeiten, wo sich der Mensch genüsslich in der Sonne aalt, in den Schatten des Unterstandes flüchten. Vor allem die Insektenplage macht ihnen zu schaffen und so finden sie in der Tiefe des Stalles Schutz vor allzu lästigen Blutsaugern.

Auch jetzt kommt dem Langhaar große Bedeutung zu, denn es schützt die Augen und auch die empfindliche Rückseite vor den Angriffen lästiger Insekten. Es darf daher nicht gekürzt oder gar ausgelichtet werden. Pferde stellen sich gern Kopf gegen Schweif auf, um sich gegenseitig die lästigen Insekten fern zu halten.

So wie Kälte für die Pferde kein Problem darstellt, schadet ihnen auch längerdauernde Feuchtigkeit nicht. Leider glauben unkundige Besucher und Passanten oft, dass sich die Pferde hier erkälten oder sonst wie Schaden an ihrer Gesundheit erleiden könnten. Da gibt es dann empörte Anrufe beim Stallbesitzer: „Ihr Pferd steht im Regen! ... Ihr Pferd hat ganz nasse Füße! ...“ . Der Mensch geht halt gerne von seinem eigenen Wohlbefinden aus, das er für das Maß aller Dinge hält.

Im Prinzip kann jedes Pferd in einem Offenstall leben, unabhängig von seiner Rasse, seinem Geschlecht und seinem Alter. Als Ausnahmen gelten Hengste, eventuell auch Turnier- und Ausbildungspferde, für die eine Haltung mit Box und Paddock zu empfehlen wäre. Die Natur hat dafür gesorgt, dass sich der Organismus der Pferde an jede Witterung anpasst, daher bedeutet auch der kälteste Winter für sie kein Problem.

Schutz vor lästigen Insekten finden die Fohlen unter Mamis Schweif.

Weder Regen noch nasse Füße schaden den Pferden. Würden sie sich dabei nicht wohlfühlen, könnten sie sich jederzeit in ihren Stall flüchten.

DER MENSCH IN DER OFFENSTALLHALTUNG

Eine Offenstallhaltung errichtet man, damit man seinen Pferden ein halbwegs natürliches und somit auch angenehmes Leben ermöglicht. Seine Bedürfnisse stehen dabei an erster Stelle. Der Mensch hingegen muss mit seinen Wünschen ein wenig zurückstecken. Dort, wo Offenstallhaltungen sich in erster Linie an den Wünschen des Menschen orientieren, kommen die Pferde zu kurz. Solche Haltungen sind nur eine halbe Sache.

Selbst der Fachmann, der genau weiß, was Pferde wünschen, was sie benötigen, wie sie leben wollen, kann zu Kompromissen gezwungen sein, und das dann, wenn er in diesem Offenstall nicht nur seine eigenen Pferde hält, sondern auch Tiere anderer Besitzer einstellt, die dafür bezahlen.

Der Mensch möchte sich dort wohl fühlen und das bedeutet zumeist: alles muss picobello sauber sein, damit man keine schmutzigen Stiefel bekommt und auch die Kleidung ganz sauber bleibt. Schließlich wird einem ja optimale Sauberkeit und Keimfreiheit von der Werbung stets als das höchste aller Ideale vorgegaukelt. Ihr Liebling sollte keinen Rangkämpfen oder sonstigen Streitigkeiten ausgesetzt sein und möglichst immer in entsprechend sauberem Zustand zur Verfügung stehen.

In der idealen Offenstallhaltung jedoch geht es nicht um das Wohlbefinden der Menschen, sondern um jenes der Pferde. Vom Menschen wird hier Anpassung verlangt.

DER BETREUER

Sich zwischen frei herumgehenden Pferden zu bewegen, kann zeitweise durchaus gefährlich sein. Während man bei der Betreuung eines Boxenpferdes seine Aufmerksamkeit nur einem einzigen Tier zuwenden muss, gilt es in einer Offenstallhaltung gleich vier, sieben oder zwölf Pferde gleichzeitig im Auge zu behalten und deren Aktionen vorauszuahnen. Es ist allerdings nicht so, dass die Pferde nun mit Absicht dem Menschen Schaden zufügen wollen; die Probleme entstehen vielmehr daraus, dass zum Beispiel die Pferde untereinander ein kleines Rencontre austragen oder dass sie sich plötzlich in Bewegung setzen und dabei auf den Menschen nicht genügend Rücksicht nehmen ... Es gibt unzählige Möglichkeiten bei Pferden, wo der Mensch Schaden erleiden kann. Schwierigkeiten ergeben sich schon allein daraus, dass der Mensch auf zwei Beinen steht und sich deshalb ständig im labilen Gleichgewicht befindet. Schon ein kleiner, unbeabsichtigter Stoß, ein vielleicht sogar zärtlich gemeinter Schubs mit dem Maul, eine zu knappe Wendung eines Pferdes genügen, um ihn aus dem Gleichgewicht und damit zu Fall zu bringen.

Wer Pferde, vor allem frei herumgehende Pferde, betreut, muss deshalb mit solchen Eventualitäten vertraut sein, muss imstande sein, gewissermaßen ringsum blicken zu können, muss stets mit Aufmerksamkeit bei der Sache sein und muss selbstverständlich von den Pferden respektiert werden. Keinesfalls sollte man sich dazu hinreißen lassen, gelegentlich eine nicht mit den Pferden vertraute Aushilfsperson einzusetzen.

Wie sage ich es meinen Pferden?

Frei herumgehende Pferde muss man auch „dirigieren" können, muss sie heranholen, wegschicken, am Davonlaufen hindern, sie an eine bestimmte Stelle dirigieren können. Bei einer ganzen Gruppe von Pferden ist es natürlich nicht möglich, jedes einzelne Pferd zu führen, hier muss ein anderer Weg eingeschlagen werden. Die beste Verständigungsmöglichkeit mit den Pferden ist die Körpersprache des Menschen. Die an der Hippagogischen Station Bruhns entwickelte

Wer eine Offenstallherde betreut, muss wissen, wo Gefahr droht. Er muss aber auch von den Pferden respektiert werden.

Körpersprache muss den Pferden nicht erst beigebracht werden, sondern sie ist für jedes Pferd sofort ganz klar verständlich. Der Mensch jedoch, der oft nicht genau weiß, was er mit seinem Körper anstellt, sendet manchmal falsche Signale aus. Der Mensch also sollte sich darum intensiver mit diesem Verständigungsmittel vertraut machen und sich die Zeit nehmen, die korrekte Körpersprache zu erlernen und dann auch jederzeit richtig anzuwenden.

Ganz wichtig ist es, dass der Betreuer von den Pferden als Respektsperson angesehen wird, als jemand, der im Rang selbst noch über der Leitstute steht. Ein Super-Alpha gewissermaßen.

PFERDEBESITZER

Wo die Pferde einer Offenstallhaltung nicht einen einzigen Besitzer haben, sondern es sich um einen Einstellbetrieb handelt, bei dem sich unterschiedliche Besitzer zeitweise auch mit ihren Pferden abgeben, wäre eine gewisse Einschulung dieser Menschen von Vorteil. Denn auch sie müssen sich, wenn zumeist auch nur für kurze Zeit, zwischen einer Gruppe von Pferden bewegen. Sie sollten deshalb ebenfalls wissen, wie achtsam man sein muss, aber auch wie man sich vor lästigen, zudringlichen Pferden schützt. Für Einsteller sollte es die Möglichkeit geben, sich zur Betreuung des eigenen Pferdes mit diesem irgendwohin zurückziehen zu können, wo alle anderen Tiere fernbleiben. Dazu bieten sich die Krankenbox oder die Schleuse an oder ein Putzplatz, der sich außerhalb des Auslaufs befindet.

Man sollte nur jenen Besuchern erlauben, sich in die Herde zu begeben, die über Erfahrung mit Pferden verfügen.

BESUCHER

Nicht jeder Besucher ist auch ein Pferdekenner. Deshalb sollte man Besucher niemals allein eine Offenstallhaltung betreten lassen. Am sichersten halten sich Besucher stets in der Nähe einer Wand, eines Baumes oder Strauches auf, dort laufen sie am wenigsten Gefahr, von einer sich unerwartet in Bewegung setzenden Pferdegruppe niedergestoßen zu werden.

Vor allem sollte man Besuchern nie erlauben, den Pferden Leckerlis zu verabreichen. Dann nämlich werden sie von lüsternen Pferden ununterbrochen bedrängt und die Verletzungsgefahr ist besonders groß.

NACHBARN UND PASSANTEN

Niemand ist allein auf der Welt, und so hat auch der Offenstallbesitzer zumeist einen oder einige Nachbarn, mit denen er natürlich gut auskommen möchte.

Das setzt zunächst voraus, dass den Nachbarn durch die Pferdehaltung kein Schaden entsteht. Pferde, die über den Zaun hinweg Nachbars Rosen abnagen oder den Apfelbaum plündern, werden ihrem Besitzer kaum Freunde schaffen. Noch schlimmer kommt es, wenn die Pferde durch einen nicht ganz dichten Zaun ausbrechen und Nachbars Garten zu ihrem Weideplatz machen oder in Nachbars Maisfeld eine ausgiebige Mahlzeit einnehmen.

Es gibt leider auch Ärger, wenn die Nachbarn oder auch Passanten mit der Art der Pferdehaltung nicht einverstanden sind und glauben, dass hier den armen Tieren Leid geschehe, weil sie sich im Freien aufhalten. Da gibt es Telefonanrufe, anonyme Briefe, Anzeigen beim Tierschutzverein, dem Pferdeschutzverband, beim Amtstierarzt ... Und der Tenor ist immer: Hier werden Pferde gequält, weil sie dem Wetter ausgesetzt sind und kein Dach über dem Kopf haben, weil sie im feuchten Boden stehen und sicher in den Füßen frieren, weil sie sich im Schneegestöber doch erkälten müssen ...

„Wie bringe ich meinen Pferden bei, dass sie bei Regen in den Stall gehen müssen, weil sich sonst der Nachbar aufregt und mich anzeigt?" ... „Wie erkläre ich meinen Pferden, dass sie sich nicht im Schnee zu einem Nickerchen niederlegen sollen, damit es nicht Ärger mit Passanten gibt?" , so fragen sich dann die geplagten Offenstallbesitzer.

Zum Glück sind heute die meisten mit dem Tierschutz befassten Unternehmungen sowie die Amtstierärzte sehr wohl mit den Vorteilen der Offenstallhaltung vertraut und können schlechte Haltungen von artgerechten unterscheiden. Leider jedoch nicht immer.

Aber allein die ständigen Sticheleien und Drohungen zehren an den Nerven der Pferdeleute, und einige haben bereits ihre Offenstallhaltung aufgegeben und halten die Pferde wieder in Boxen. Es ist traurig, dass so die Pferde wieder im Nachteil sind.

Dabei meinen es die Beschwerdeführer gewiss gut. Sie fürchten um das Wohl der Tiere, haben aber leider keine Ahnung

Jene Leute, die an Kursen in der Hippagogischen Station teilnehmen, müssen sich dort auch zwischen den Pferden bewegen. Deshalb lernen sie als Erstes, wie man dabei auf seine Sicherheit achten muß.

davon, welche Bedürfnisse ein Pferd wirklich hat und wie es am liebsten und gesündesten leben möchte.

Hier tut Information Not.

Wie informiere ich Nachbarn und Passanten?
Diese selbst ernannten Tierschützer sind natürlich nicht leicht zu erreichen, handelt es sich doch nicht nur um Nachbarn, mit denen man leicht ein Gespräch suchen könnte, sondern oft um zufällige Passanten oder überhaupt um anonyme Personen.

In der Praxis bereits bewährt haben sich kleine Plakate, auf welchen grundlegende Informationen über die Bedürfnisse der Pferde festgehalten sind, und die an der Einzäunung des Auslaufes für jedermann sichtbar befestigt werden. Sie bilden auch in vielen Fällen den Ausgangspunkt für eine Diskussion zwischen dem Passanten und dem Pferdebesitzer.

Eine weitere Möglichkeit wären Flugblätter mit den entsprechenden Informationen, die zur Entnahme angeboten werden und die sich der interessierte Passant mitnehmen kann. Der

Ein Plakat zum Thema Offenstall informiert Passanten und gibt Anlass zu Gesprächen.

Vorteil gegenüber den Plakaten ist der, dass Flugblätter ausführlicher gestaltet werden können und außerdem der Passant die Möglichkeit hat, den Inhalt in Ruhe daheim zu studieren.

Was sollen diese Plakate oder Flugblätter enthalten?

Zunächst einen Hinweis auf die wirklichen Bedürfnisse eines Pferdes (Bewegung, Pferdegesellschaft, frische Luft, ordentliches Futter und einwandfreies Wasser in ausreichender Menge). Ferner die Aufzählung der Vorteile der natürlichen Haltung wie bessere Gesundheit, langes Leben, ausgeglichenen Charakter, Zufriedenheit, Umgänglichkeit und vor allem ein sich wohl fühlendes Pferd.

Dann ist es nötig über Irrtümer aufzuklären, nämlich dass Regen, Schnee, Wind und Kälte den Pferden nicht schaden, weil sie von Natur her über die entsprechenden Schutzmechanismen verfügen.

Den Kontakt zu der Umgebung aktiv suchen, das ist unbedingt von Vorteil. Auch Freunde und Mitarbeiter sind dabei hilfreich, denn Informationen können sich wie im Schneeballsystem verbreiten. Wenn das Verständnis für die ganz anders gearteten Bedürfnisse eines Pferdes auch bei den Kritikern geweckt werden kann, ist viel gewonnen.

Kann man seine Pferde vor den Fütterungsorgien von Spaziergängern schützen?

Pferdekoppeln am Rande einer Straße oder eines Spazierweges sind zumeist der Treffpunkt für die Kinder der Umgebung, das begehrte Ausflugsziel für Erwachsene mit Kindern und der Anziehungspunkt für pferdeliebende Erwachsene.

Doch geht es meist nicht darum, die Pferde zu beobachten, ihnen bei ihrem Tagesablauf zuzusehen, sich an ihrem Anblick zu erfreuen. Der Mensch schafft das häufig nicht, ohne dabei selbst aktiv zu werden. Und das Aktivwerden besteht zumeist darin, dass man die „so entzückenden" Tiere mit Leckerbissen versorgt oder dem, was man dafür hält. Die durchschnittliche Küche hält davon ja jede Menge bereit: verschrumpelte Äpfel, angefaulte Karotten, schimmliges oder im besten Fall noch weiches Brot, Gemüseabfälle und vor allem Zucker. Gelegentlich gibt es auch Leute, die mit einem Sack voll wunderbarer

Familienausflug zu den Pferden! Die Kinder turnen am Koppelzaun herum, füttern die Ponys und reichen mit den Händen in die Koppel hinein. Man kann nur hoffen, dass kein Pferd einen Kinderfinger für eine Karotte hält und zubeißt.

Karotten anrücken. Die Pferde ihrerseits nehmen solche Mitbringsel gern entgegen. Und wenn der Tag lang ist, fressen sie auch angefaulte Äpfel und verschimmeltes Brot.

Ein Glück, dass Pferde eine Rossnatur haben. Leider aber kommt trotzdem gelegentlich das bittere Ende ein wenig später: Der Besitzer findet das ein oder andere Pferd mit deutlich merkbaren Beschwerden vor. Und kann sich oft den Grund gar nicht erklären.

Der Zaungast wollte gewiss den Tieren nicht schaden. Er weiß es bloß nicht besser. Ja manchmal holt er auch aus der unmittelbaren Umgebung Grünzeug, bricht kleine Zweige von den Bäumen, plündert das nächste Maisfeld oder pflückt Ähren von einem Feld. Gelegentlich sind, auch das weiß der Zaungast nicht, giftige Pflanzen dabei. Es kam auch schon vor, dass Grünes von einem frisch gespritzten Feld geholt und den Pferden verabreicht wurde. Sogar Eiben wurden verfüttert, und das haben die Tiere nicht überlebt.

Für die Pferdebesitzer erhebt sich die Frage: Was kann ich unternehmen, um solche Zwischenfälle zu vermeiden?

Entsprechende Hinweisschilder am Zaun wie „Füttern strengstens verboten!“ oder in der freundlicheren Version: „Wir ersuchen dringend, den Pferden keine Leckerbissen zu verabreichen!“ werden meist ignoriert. Auch Hinweise darauf, dass man den Pferden gesundheitlichen Schaden zufügen kann, halten kaum einen Spaziergänger davon ab, Leckerlis über den Zaun zu reichen. Ist doch

Eine breite Rabatte von Brennnesselstauden schützt zuverlässig vor zu engem Kontakt der Zaungäste mit den Pferden.

jeder überzeugt, dass das, was er selbst hier anbietet, auf keinen Fall schaden kann.

Dem frustrierten Pferdebesitzer kommt die Idee, außen vor den Koppelzaun noch einen Elektrozaun zu montieren, der die Zaungäste auf Abstand halten soll. Doch kann er damit in Teufels Küche kommen. Besser ist es da schon, seine Pferde auf sicheren Abstand vom Zaun zu halten, mit einem Elektrozaun nämlich, der innen vor den Koppelzaun gespannt wir, und zwar in einem Abstand, der es selbst einem giraffenhalsigen Pferd unmöglich macht, nach einem Leckerli hinauszulangen.

Während der Elektrozaun an der Außenseite nicht zu empfehlen ist, kann man sich durchaus eines altbewährten Mittels bedienen: Eine mindestens einen guten halben Meter breite Brennnesselrabatte rings um den Koppelzaun hat selbst der fütterungswütigste Passant noch nicht durchbrochen. Im Übrigen gibt es auch noch einen anderen triftigen Grund, Spaziergänger nicht zu nahe an seine Pferde heranzulassen: Es besteht durchaus die Gefahr, dass ein über den Zaun reichender Mensch von einem gierigen Pferd - zumeist aus Versehen - gebissen wird. Wunden von Pferdebissen können sehr schmerzhaft sein und heilen nur langsam, weil das Gewebe gequetscht wird. Leider haftet der Pferdebesitzer auch noch für den Schaden, obwohl er ja niemanden aufgefordert hat, in die Koppel hineinzulangen. Daher auch aus diesem Grund: Die Pferde unbedingt durch einen Elektrozaun auf Abstand halten.

Eine Tafel mit der Aufschrift: „Achtung, bissige Pferde!“ wird ja leider niemand ernst nehmen.

MANAGEMENT IM OFFENSTALL

Eine Haltung, in welcher die Pferde nicht einzeln in Boxen verwahrt sind, sondern frei herumgehen, erfordert verständlicherweise ein in vielen Punkten anderes Management. Anfangsschwierigkeiten sind selbstverständlich, doch mit Überlegung und Planung lässt sich so manches Problem schnell lösen. Gute Ideen sind immer gefragt.

FÜTTERUNGSPRAXIS

Alle Pferde auf einem Haufen, wie soll das mit der Fütterung klappen, wo doch so manches Pferd einen anderen Futterbedarf hat? Und wird auch jedes Pferd zu seiner benötigten Ration kommen?

Im Prinzip läuft es mit der Fütterung im Offenstall auch nicht anders, als wenn die Pferde auf einer Weide leben würden. Allerdings kann es schon nötig sein, für Fohlen, Mutterstuten oder alte Pferde spezielle Rationen vorzusehen. Um diese dann auch exakt jenem Pferd zukommen zu lassen, welches sie benötigt, gibt es verschiedene Methoden.

ANHÄNGEN WÄHREND DER FUTTERAUFNAHME

Am zweckmäßigsten ist es, die Pferde zur Aufnahme vor allem des Kraftfutters anzuhängen. So hat jedes seinen Platz und seine Ration unmittelbar vor sich. Da alle Pferde angehängt sind, kann sich keines über das Futter eines anderen hermachen. Allerdings ist es zeitaufwendig, die Tiere anzuhängen, vor allem dann, wenn sich eine größere Anzahl von Pferden in der Haltung befindet. Es setzt auch voraus, dass alle Tiere ein Halfter tragen.

EINZELFÜTTERUNG VON SONDERRATIONEN

Will man nicht alle Pferde anhängen, muss man einen Weg finden, den einzelnen Pferden ihre Sonderration zukommen zu lassen. Zum Glück sind es in einer Haltung ja meistens nur ein, zwei Pferde, die solche Extras benötigen. Es hat sich bewährt, für diese Spezialfütterung die Krankenbox zu nutzen. Bei guter Erziehung der Pferde und entsprechender Organisation kann man auch mehrere nacheinander in diese Box holen. Wenn Sie in Ihrer Pferdeherde als absoluter Boss anerkannt sind, können Sie sich auch mit dem Sonderfuttereimer mitten in den Stall stellen und ein Pferd dort in Ruhe aus dem Eimer fressen lassen, ohne dass ein anderes Herdenmitglied es wagt, dieses Pferd zu verdrängen oder seinen Kopf unerlaubterweise in den Eimer zu bohren.

AUTOMATISCHE FÜTTERUNG

Aus der Rinder- und Schweinehaltung wurde die automatische Fütterung auch von einzelnen Pferdehaltern übernommen. Hier tragen die Pferde einen Chip (zumeist am Ohr), der auf den individuellen Kraftfutterbedarf programmiert ist und es dem Tier ermöglicht, aus einem Automaten die benötigte Menge Futter zu entnehmen.

So praktisch diese Möglichkeit auch erscheinen mag, so wenig zweckmäßig ist sie, denn gerade die Fütterung ist eine ganz wichtige Möglichkeit der Kontaktaufnahme zwischen Mensch und Pferd. Auf diese Möglichkeit sollte man nicht verzichten. Die persönliche Betreuung kann auch der tollste Automat nicht ersetzen.

FUTTER ZUR FREIEN ENTNAHME

Nachdem Pferde eigentlich Dauerfresser sind, die einen Großteil des Tages mit der Futteraufnahme zubringen, wird in manchen Haltungen Raufutter in unbeschränktem Maß zur freien Entnahme angeboten. Das funktioniert auch häufig recht gut. Allerdings gibt es Pferdetypen und Pferderassen, die fressen und fressen und fressen und so bald einer Kugel ähnlicher sehen als einem Pferd. Die meisten Haflinger gehören zum Beispiel zu dieser Gruppe. In solchen Fällen wäre es falsch Futter ohne Beschränkung anzubieten. Man wird das Raufutter unbedingt rationieren, kann aber, um das noch vorhandene Kaubedürfnis zu stillen, zum Beispiel Äste zum Benagen anbieten. Oder man kann das Futter so weit in der Koppel ausbreiten, dass die Tiere die Halme zusammensuchen müssen. Das macht die Futteraufnahme schwieriger und verlängert die Fresszeit. Auch Raufen oder Heunetze, aus denen Heu nur mühsam herauszuziehen ist, eignen sich vorzüglich.

FÜTTERUNG AUF VORRAT

Eine Fütterung auf Vorrat, das heißt ein Auflegen großer Grünfutter- oder Heumengen, die für einige Tage ausreichen, erscheint vielfach als bequeme und Zeit sparende Lösung. Man schneidet zum Beispiel einen ganzen Ladewagen voll Grünfutter und entlädt ihn in Haufen auf der Koppel. Damit wären die Pferde für die nächsten Tage versorgt und man könnte sich einige Tage hindurch die Fütterungsarbeit sparen, meint man. Aber so einfach ist das absolut nicht. Futter für mehrere Tage ist auf diese Weise nicht vorzugeben, es sprechen mehrere Gründe dagegen: So kann Futter, vor allem geschnittenes Grün, sehr leicht verderben. Es beginnt sich zu erhitzen, weil ein Vergärungsprozess in Gang gesetzt wird, oder zu faulen. Futter in diesem Zustand kann beim Pferd schwere Verdauungsstörungen auslösen, ebenso wie Regen das Futter verdirbt und die Entwicklung von Pilzen vorantreibt. Außerdem neigen die Pferde dazu, Futter, das ihnen nicht zusagt oder das sie im Augenblick nicht mehr benötigen,

Fütterung auf Vorrat? Große Mengen von Rauh- oder Grünfutter, die nicht an einem Tag verspeist werden, verderben durch Hitze, durch Vermehrung von Keimen, durch Verschmutzung oder durch die Witterung. Kommt kein neues Futter nach, wird trotzdem davon gefressen und es sind gesundheitliche Störungen zu erwarten.

mit Harn oder Mist zu verunreinigen, oder sie wandern darin herum und bringen damit Erde ins Futter oder treten es in den Boden ein. Wenn dann kein neues Futter nachkommt, sind sie genötigt, das noch vorhandene, aber bereits verdorbene Futter zu verspeisen. Die gesundheitlichen Folgen müssen gar nicht sofort sichtbar sein, oft entstehen Dauerschäden. Deshalb sollte niemals mehr Futter vorgelegt werden, als zu einer Mahlzeit oder allerhöchstens innerhalb eines Tages verzehrt werden kann.

DIE FÜTTERUNG ALS RITUAL

Verläuft die Fütterung immer nach demselben Schema, so wird sie bald zu einem eingespielten Ritual. Pferde sind Gewohnheitstiere. Muss eine Änderung in der gewohnten Abfolge eingeführt werden, dauert es zwei, drei Tage, bis sie sich an die neue Version gewöhnt haben, dann läuft alles schon wieder ganz von selbst.

DIE HÄUFIGKEIT DER FÜTTERUNG

Obwohl es bekannt ist, dass mehrmalige Futtergaben im Laufe des Tages dem Bedürfnis der Pferde am besten entgegenkommen, wird leider schon aus zeittechnischen Gründen auf die Fütterung nur zweimal im Tag zurückgegriffen. Wo immer es möglich ist, sollte man jedoch auch in der Offenstallhaltung zumindest dreimal, am besten aber viermal im Tag füttern. Da ja nicht jedes Mal Kraftfutter gegeben wird, ist der Arbeitsaufwand nicht allzu groß. Es muss eigentlich nur die entsprechende Portion Heu vorgelegt werden. Wo der Futterplatz auf der Koppel entlang des Zaunes eingerichtet wurde, kann man leicht auch hilfsbereite Freunde oder Nachbarn ersuchen, diese Fütterung zu übernehmen, weil ja ein Betreten der Haltung gar nicht notwendig ist.

SALZ

Die regelmäßige Verabreichung von Salz kann im Offenstall Schwierigkeiten bereiten. Hängt man nämlich einen der herkömmlichen Salzlecksteine auf, so stehen die Pferde davor und schlecken und schlecken, als hätten sie einen Eislutscher vor sich. Hat der Stein endlich die entsprechende unregelmäßige Form angenommen, wird nicht mehr geschleckt, sondern abgebissen. Auf diese Weise kann ein Leckstein innerhalb eines Tages „verarbeitet" werden. Abgesehen davon, dass exzessiver Salzgenuss ungesund ist, wäre auch die Kostenseite ein wichtiger Faktor.

Wir haben versucht, diesem Problem auf andere Weise beizukommen: Wir besorgten ein entsprechend großes und schweres Stück Bergkern, das wir dann in einer Plastikschüssel in der Futterkrippe deponierten. Einige Tage schien auch alles gut zu gehen - bis wir eines Mittags unseren Trakehnerwallach dabei ertappten, wie er, die Schüssel samt Bergkern im Maul tragend, durch die Koppel marschierte. Also wieder Fehlanzeige! Salz ist aber ein unverzichtbarer Bestandteil in der Pferdeernährung, weil die üblichen Bestandteile der Pferdekost, mit Ausnahme der Rübenschnitte, so gut wie überhaupt kein Natrium enthalten.

Mittlerweile haben wir das Salzproblem zum Glück gelöst und dabei eigentlich gleich zwei Fliegen mit einem Schlag erledigt: Wir mischen das Salz mit granuliertem Knoblauch, der von vielen Pferden auch nicht gern genommen wird. Die Mischung, die wir nach der Jahreszeit variieren, nämlich sommers mehr Knoblauch, im Winter entsprechend weniger, scheint den Pferden gut zu schmecken. Wir streuen davon einmal täglich eine auf die Anzahl der Pferde abgestimmte Menge auf Simse und Vorsprünge im Stall. Die Tiere kommen extra während der Futteraufnahme zu diesen Lecken und schlecken gern daran, können aber nicht zu viel aufnehmen, weil die Menge vorgegeben ist. Wer an einem Tag zu kurz kommt, erscheint am nächsten Tag gewiss zur rechten Zeit, um seinen Salzanteil zu erwischen.

Diese Methode der Natriumversorgung, die sich in der Zwischenzeit ausgezeichnet bewährt hat, können wir unbedingt empfehlen.

DIE TÄGLICHEN ARBEITEN IN DER OFFENSTALLHALTUNG

Offenstallhaltung, das wird gern als gute Gelegenheit angesehen, mit geringstem Zeitaufwand Pferde zu halten. Dem ist allerdings nicht so. Ich möchte nicht behaupten, dass die Offenstallhaltung mehr Arbeit verursacht als Boxenhaltung, weil manche Arbeitsgänge rationeller gestaltet werden können, aber ganz so gemütlich, wie es sich mancher vorstellt, ist es gewiss nicht.

Viele Offenstallbesitzer betreuen ihre Pferde selbst. Es ist also kein Pfleger oder Stallbursche anwesend, der hier die Kontrolle hat. Da viele Offenstallbesitzer einem Beruf nachgehen, ist es um ihre Freizeit sehr knapp bestellt. Daher wäre es schon sehr vorteilhaft, wenn man noch eine zweite fachkundige Person, vielleicht einen Pensionisten, einen Verwandten, einen Nachbarn in alle Obliegenheiten einweiht, der verlässlich einen Teil der Aufgaben übernehmen kann. Es gibt eine ganze Reihe von Tätigkeiten, die täglich ein- oder zweimal, eventuell noch öfter ausgeführt werden müssen.

Welche täglichen Aufgaben müssen im Offenstall unbedingt regelmäßig ausgeführt werden?

Es sind vor allem drei Punkte, auf die man nie verzichten kann: Das Füttern, das Ausmisten und die Kontrolle. Da gilt weder berufliche Überlastung, Krankheit oder eine Urlaubsreise als Ausrede. In solchen Fällen muss ein absolut verlässlicher Mithelfer her. Eine allermindest zweimalige Anwesenheit pro Tag in der Offenstallhaltung ist unverzichtbar.

DIE FÜTTERUNG

Wir haben schon im Kapitel „Fütterungspraxis“ darüber gesprochen, dass das Pferd als Dauerfresser sein Futter in mehreren kleineren Portionen vorgesetzt bekommen soll. Zum Zweck der Fütterung allein ist also zumindest ein zweimaliges Erscheinen wichtig.

DAS AUSMISTEN

Die Ausmistarbeit im Offenstall ist zum Glück etwas einfacher als im Boxenstall, weil man nicht einzelne Räume, sondern einen einzigen großen zu säubern hat. Das ist schon Zeit sparend. Einmal Ausmisten pro Tag ist aber wirklich ein Minimum. Zweimal wäre absolut besser.

DIE TÄGLICHE KONTROLLE

Soll in der Haltung alles reibungslos funktionieren, muss man auch kontrollieren, ob alles in Ordnung ist, ob Reparaturen nötig sind und ob alle Pferde gesund sind.

Zunächst einmal ist es wichtig Erkrankungen wie Kolik oder Verletzungen sofort zu erkennen und gleich mit der Behandlung zu beginnen. Viele Fragen gibt es zu beantworten: Fressen alle Pferde? Benimmt sich ein Pferd sonderbar? Lahmt ein Pferd? Gibt es Verletzungen oder gar offene Wunden? Erscheint man nur einmal pro Tag oder gar noch seltener in seiner Haltung, kann es eventuell schon zu Komplikationen gekommen sein.

Wasser ist lebensnotwendig für die Pferde. Auf eine tägliche Kontrolle der Tränken, egal welcher Art sie sind, kann also nicht verzichtet werden.

Der Koppelzaun hält die Pferde dort, wo sie hingehören. Ist der Zaun in Ordnung? Eine Frage, die unbedingt täglich abzuklären ist. Hier geht es um die Sicherheit.

Der Elektrozaun ist ein sehr nützlicher Zusatz zur Einzäunung, um Pferde am Ausbrechen zu hindern, jedoch nur dann, wenn er auch funktioniert. Elektrozäune sind störungsanfällig: Vielleicht hat der Wind einen Ast auf den Zaun geworfen und so einen Erdschluss herbeigeführt. Die Batterie ist entladen, der Zaun wirkungslos. Oder es wachsen Pflanzen in die Drähte. Auch hier entsteht Erdschluss. Möglicherweise ist ein Pferd in den Elektrozaun geraten und hat bei seinen Befreiungsversuchen den Draht abgerissen. Funktioniert die Batterie noch oder hat sie längst ihren Geist aufgegeben?

Auch Türen und Tore sind eine Schwachstelle und müssen täglich auf ihre Funktionsfähigkeit überprüft werden. Und beim

Verlassen der Haltung sollte man sich jedes Mal vergewissern, ob man alle Türen und Tore auch verlässlich geschlossen hat.

Herumgehende Pferde scheuern an allen sich bietenden Möglichkeiten, knabbern an Bauteilen herum, beschädigen manches bei ihren Wälzorgien. Gelegentlich wird sogar ein Brett von der Verkleidung abgerissen und liegt nun mit den herausstehenden Nägeln nach oben in der Koppel. Ein Rundgang zeigt, wo etwas dringend repariert werden muss. Auch Nägel haben die unangenehme Angewohnheit, immer wieder locker zu werden und aus der Oberfläche herauszuragen, wodurch sich beim Scheuern, aber auch beim knappen Vorbeigehen unangenehme Verletzungen ergeben können.

Im Auslauf finden sich häufig die absurdesten Gegenstände. Und es liegt nicht daran, dass irgendwelche Besucher sie hier schlampigerweise „entsorgt" haben, sondern in vielen Fällen sind Krähen und Elstern die Übeltäter. Sie tragen Getränkedosen und andere metallene, glänzende Gegenstände im Schnabel und lassen sie leider nur allzu oft gerade über der Koppel fallen. Eine Kontrolle des Auslaufes auf solche nicht immer ungefährlichen Gegenstände ist wichtig.

Nicht täglich, aber regelmäßig kontrolliert gehören auch die Futtervorräte auf mögliche Schimmelbildung oder anderen Verderb, die Kontakte der Solarstromeinrichtung müssen von Zeit zu Zeit gesäubert und das Sonnenpaneel von Verschmutzung befreit werden, um ein klagloses Funktionieren zu gewährleisten. Wo die Wasserversorgung durch eine Quelle über einen entsprechenden Trog erfolgt, ist zu kontrollieren, ob das Wasser noch fließt und ob das Wasser im Trog vielleicht Verschmutzung oder starke Algenbildung aufweist.

DAS WERKZEUG

Um alle nötigen Obliegenheiten verrichten zu können, ist auch verschiedenes Werkzeug nötig, es sollte alles Wichtige vorhanden und jederzeit griffbereit sein.

Zum Ausmisten benötigen wir zumindest eine engzinkige Mistgabel, einen robusten Straßenbesen und vorteilhafterweise auch einen Schieber. Ein Schubkarren vervollständigt die Ausrüstung. So Sie Helfer bei der Arbeit haben, erweist es sich als zweckmäßig, zwei solche Garnituren zu besitzen.

Auch bei der Fütterung kann ein Schubkarren nötig sein, ebenso eine Heugabel.

Eine entsprechende Anzahl von Eimern ist nötig, denn wir brauchen sie zum Futtermischen, zum Verabreichen des Futters, um Wasser zu holen, zum Händewaschen, für den Tierarzt, für Abfälle und anderes mehr. Eimer hat man nie genug; es rentiert sich, einen gewissen Vorrat auf Lager zu haben.

Eine Werkzeug-Grundausstattung für Reparaturen besteht aus Nägeln unterschiedlicher Länge, Schrauben, Hammer, Zange, Schraubenzieher, Bohrer, Säge.

SPORTLICHE NUTZUNG

Bei Boxenhaltung ist die „Nutzung" eines Pferdes zum Reiten oder Fahren kein Problem. Das Pferd ist jederzeit zur Hand und kann ungestört für den sportlichen Einsatz fertig gemacht werden. Im Offenstall ist das Ganze mit etwas mehr Aufwand verbunden. Es beginnt schon damit, dass man sein Pferd zunächst einmal aus der Gruppe zu holen hat, was mitunter nicht ganz einfach ist, weil nicht jedes Pferd besonderen Gefallen an sportlicher Betätigung hat und es daher versteht, das Einfangen zu einem richtigen Fangespiel zu machen. Auch das eventuell nötige Säubern und das Reitfertigmachen ist nicht unbedingt ein Vergnügen, wenn eine Anzahl anderer Pferde im Weg steht und an den Gerätschaften herumspielt. Die in diesem Buch schon erwähnte Krankenbox oder die Schleuse sind da eine entsprechende Hilfe, um das Pferd in Ruhe vorzubereiten.

Das Aprés kann, vor allem in der kalten Jahreszeit, auch einiges Kopfzerbrechen bereiten, denn was macht man mit einem nass geschwitzten Pferd? Der vernünftige Pferdebesitzer wird schon den Heimweg vom Ausritt im Schritt zurücklegen und so dem Pferdekörper Gelegenheit zum Abtrocknen geben, so er nicht überhaupt einen ruhigen Ausritt vorgezogen hat, auf dem das Pferd gar nicht erst ins Schwitzen kam.

Ist das Pferd trotzdem nass oder weist es teilweise nasse Stellen auf, so lösen manche Pferde dieses Problem ganz von selbst: sie wälzen sich ausgiebig in der Einstreu. Geschieht dies nicht, kann man den feuchten Pferdekörper auch mit Sägespänen oder Stroh bestreuen. Das hat einen ähnlichen Effekt wie das Wälzen. Das Pferd in Decken zu hüllen ist nicht zweckmäßig, weil sich darunter die Poren nicht schließen können und das Pferd nach dem Entfernen der Decke zwar wahrscheinlich trocken ist, aber trotzdem friert.

Man kann ein zu nasses Pferd auch eine Weile mit einer kleinen Portion Heu in der hoffentlich vorhandenen Box halten, bis es soweit getrocknet ist.

Hinter einem Elektrozaunband zurückgehalten, können die anderen Herdenmitglieder nicht bei der Arbeit stören, sind aber meist interessierte Zuschauer.

PFERDE AUSBILDEN

Ist die Koppel nicht nur ein winziger Auslauf, so kann man die Grundausbildung des Pferdes am allerbesten in dieser Koppel vornehmen. Das hat ganz deutliche Vorteile. Zum einen lernt das junge Pferd lieber in Gesellschaft der Herdengenossen, weil es sich da sicher fühlt, andererseits lernen auch andere vielleicht noch vorhandene Jungpfer-

Ein Jungpferd wird an Sattel und Reitergewicht gewöhnt. Alles verläuft völlig angstfrei, denn die Herdengenossen stehen in unmittelbarer Nähe und schauen aufmerksam zu.

de beim Zusehen schon eine ganze Menge. Für sie ist später das Gesatteltwerden, das Aufsitzen des Reiters auf ihren Rücken kein gefährlicher Vorgang.

Es ist dabei gar nicht notwendig, dass die Koppel die Form eines Vierecks aufweist. Sowohl die vorbereitende Bodenarbeit mit den ganz jungen Pferden sowie die erste Reitausbildung geschieht viel besser nicht „an der Wand lang“, sondern in ganz beliebigen, ständig wechselnden Figuren, einmal eine Wendung rechts, eine links, ein Stück geradeaus, einmal ein Kreis. So gibt es für das Pferd ständig Abwechslung, die Arbeit ist nicht einschläfernd, und das Jungtier muss auch ständig konzentriert und aufmerksam sein, weil es jeden Augenblick mit einer Richtungsänderung rechnen muss.

Um bei der Arbeit nicht von den anderen Gruppenmitgliedern gestört zu werden, bewährt es sich, wie schon erwähnt, ein Stück der Koppel während der Arbeit mittels Elektrozaun abzuteilen. So sind alle anderen Pferde in der Nähe, können zusehen, was sie auch gern tun, und können doch nicht bei der Arbeit stören.

MEDIZINISCHE ASPEKTE

Die Offenstallhaltung, die anfangs eine billige Haltungsform für weniger betuchte Pferdebesitzer war, schließlich aber vor allem aus verhaltenspsychologischen Gründen als ideale Art der Pferdehaltung erkannt wurde, hat auch bemerkenswerte gesundheitliche Aspekte, und bei so manchen chronischen Erkrankungen wird von den Tierärzten eine Umstellung des Pferdes in eine Offenstallhaltung vorgeschlagen. Auch die bei Boxenpferden so häufigen Verspannungen treten durch die stets vorhandene Möglichkeit zur Bewegung im Offenstall nicht auf.

Andererseits aber gerät die Offenstallhaltung auch immer wieder in den Verdacht, gewisse Gesundheitsprobleme heraufzubeschwören oder bei manchen Erkrankungen nicht ideal zu sein. Deshalb wollen wir auf einige dieser Fragen hier eingehen.

VORBEUGENDE MASSNAHMEN

Selbstverständlich kann man auch im Offenstall auf die üblichen Vorbeugemaßnahmen nicht verzichten: regelmäßiges Entwurmen und Impfungen sind hier genauso wichtig wie bei einer Boxenhaltung. Wie häufig entwurmt werden muss, ist ganz unterschiedlich, doch ist das Minimum zweimal im Jahr.

Selbst wenn die Pferde ihr Rau- und Grünfutter in Raufen oder an speziellen Futterplätzen erhalten, wird doch immer wieder etliches davon verstreut und vertragen, gelangt in alle Bereiche von Unterstand und Auslauf und wird zu späteren Zeiten dann aufgenommen. Da kann es leicht geschehen, dass diese Futterteile auch mit Wurmlarven kontaminiert sind.

Erwachsene Pferde besitzen in der Regel eine gewisse Resistenz gegen Würmer, vor allem gegen Spulwürmer, doch Fohlen und alte Pferde verfügen über diese Resistenz noch nicht oder nicht mehr. Deshalb wird es notwendig sein, Fohlen und alte Pferde häufiger zu entwurmen.

Absolut wurmfreie Pferde gibt es nicht. Es gibt nur Tiere mit stärkerem oder geringerem Wurmbefall. Zwar empfiehlt es sich, um eine Vorstellung von der Verwurmung der Pferde zu bekommen, Kotuntersuchungen machen zu lassen, doch sind diese, so sie negativ ausfallen, noch lange keine Garantie dafür, dass die betreffenden Pferde nicht von Würmern befallen sind. Das Ergebnis besagt nur, dass im Augenblick keine Würmer in irgendwelchen Stadien mit dem Mist abgegangen sind.

Besonders bedeutungsvoll ist die Impfung gegen Tetanus. Übrigens sollte auch der die Pferde betreuende Mensch unbedingt regelmäßig gegen Tetanus geimpft werden. Ferner ist die meist in Kombination mit der Tetanusimpfung erfolgende Immunisierung gegen Pferdegrippe zweckmäßig. In manchen Gegenden sollte man die Offenstallpferde vorsichtshalber auch gegen Tollwut impfen lassen. Wo das notwendig ist, weiß der Tierarzt.

SPEZIALFÄLLE

Selbstredend kann jede Art von Erkrankung auch in der Offenstallhaltung auftreten. Wir wollen uns hier nur mit den wichtigsten Punkten beschäftigen.

PARASITENBEFALL

Offenstallpferden, die mit Erdflecken auf dem Fell, schmutzigen Hufen und zerzauster Mähne herumlaufen, wird oft ein Ektoparasitenbefall angedichtet. Doch ist im Gegenteil hier ein Befall wesentlich seltener, weil diese unerwünschten Mitbewohner es gern warm und gemütlich haben, so eben, wie in einer Box im warmen Stall das Klima ist. Regen, Kälte und Wind gefallen ihnen viel weniger. In einer ordentlich gehaltenen und überwachten Offenstallherde sind deshalb Läuse und ähnliches Getier eher selten.

Anders sieht es mit den Zecken aus, die sowohl von den Bäumen und Sträuchern sich auf die Pferde herablassen wie auch mit dem Grünfutter hereingebracht werden. Eine zeitweise Kontrolle auf Zecken vor allem in den Gelenksbeugen und Hautfalten ist deshalb zu empfehlen.

MAUKE UND HUFFÄULE

Weil diese frei herumgehenden Pferde sich witterungsabhängig oft in nassem Erdreich, Schlamm und Matsch aufhalten und ihre Beine dann weit über die Hufe hinauf oft bis zum Karpal- oder Sprunggelenk mit Schlamm bedeckt sind, besteht der Verdacht, dass Mauke und Huffäule zu den üblichen und typischen Erkrankungen im Offenstall gehören. Eigenartigerweise ist dies nicht der Fall, im Gegenteil. Huffäule und Mauke sind bei Offenstallpferden seltener als bei anderen Pferden, ja in manchen Haltungen sind sie überhaupt nicht bekannt. Wie denn das?

Durch den ständigen Kontakt mit unterschiedlichen Erregern kann der Körper ausreichende Immunität erwerben. Die stets vorhandene Bewegungsmöglichkeit sorgt für gute Durchblutung auch der extremsten Körperteile, was gleichfalls zur entsprechenden Widerstandsfähigkeit beiträgt. Man darf sich aber nicht dazu verleiten lassen, die Fesselbeugen regelmäßig auszuwaschen oder gar Kötenhaare abzuschneiden; dann würde man nämlich genau das Gegenteil erreichen: Schutz und Widerstandskraft werden geschädigt, vorhandene Keime können greifen.

Pferde mit schlechten Hufen können ihr Hufmaterial in einer Offenstallhaltung deutlich verbessern, wenn zwei wichtige Faktoren berücksichtigt werden: Das Pferd darf keine Eisen tragen und der Koppelboden muss ein Naturboden sein, der eben seinen Zustand ständig wechselt von trocken bis tief und feucht, von steinhart und kantig bis weich und polsterig. Auch dürfen die Hufe des Offenstallpferdes keinesfalls mit Fett behandelt werden etwa in der Meinung, man müsse sie vor Feuchtigkeit und Schmutz schützen. Gerade der Wechsel zwischen nass und trocken ist für den Huf ganz wichtig.

INSEKTENPLAGE

Alle Arten von stechenden Insekten können den Pferden, aber auch den sie betreuenden Menschen den Sommer zur ungeliebten Jahreszeit machen. Die Insektenplage ist jedoch von Ort zu Ort verschieden, ebenso auch von Jahr zu Jahr. Haltungen in der Nähe von Gewässern sind zumeist reichlicher mit Stechmücken bedacht, Haltungen in Waldnähe wieder weisen eine starke Bremsenplage auf. Auch lästige und beißende Fliegen und vor allem die in manchen Gegenden überaus zahlreich auftretende Kriebelmücke sind zu manchen Zeiten mehr als unangenehm.

Während Koppelpferde, die nächtens in einem Boxenstall leben, dieser Insektenplage tagsüber ungeschützt ausgesetzt sind, weil zu Boxenställen gehörende Koppeln nur selten einen Unterstand aufweisen, haben die Offenstallpferde die Möglichkeit, sich bei Bedarf in das Innere ihres Stalles zurückzuziehen und so den Insekten ein Schnippchen zu schlagen. Voraussetzung ist jedoch, dass es sich um ein stallartiges Gebäude handelt, mit nicht übertrieben großen Türöffnungen und einer entsprechenden Tiefe. Vor allem die Düsternis im Innern hält die Fliegen davon ab, den Tieren da hinein zu folgen. Handelt es sich aber um einen Unterstand, der nicht tief genug, der hell und an einer oder mehreren Seiten völlig frei ist, reicht der Schutz nicht aus.

Die üblichen insektenvertreibenden Mittel sind allesamt nur von beschränkter und vor allem vorübergehender Wirkung, man muss ausprobieren, mit welchen man in seiner Haltung am besten durchkommt. Es gibt sie in Form von Sprays, Lotionen oder Stiften. In der Praxis ganz gut bewährt haben sich jene bei Weidekühen verwendeten Insektenschutz-Ohrclips, die man den Pferden einfach am Halfter befestigt.

Übrigens gibt es auch Sträucher, die sich bei den Insekten keiner großen Beliebtheit erfreuen, und so stellen sich Offenstallpferde zum Beispiel während der Hauptinsektenzeit auch gern unter einen Holunderbusch.

SOMMEREKZEM

Das Sommerekzem nimmt immer mehr überhand und befällt mittlerweile Pferde aller Rassen. Sommerekzempferde leiden ganz besonders unter den Insekten. Deshalb

Scheuergelegenheiten gibt es im Offenstall genug. Das erleichtert den Sommerekzempferden das Leben ein wenig.

wird oft vorgeschlagen, sie in der warmen Jahreszeit überhaupt im Stall zu halten. Gelegentlich werden sie dann nachts auf die Koppel gelassen, doch erscheint das nicht sinnvoll, weil gerade in der Abend- und Morgendämmerung saugende Insekten sehr aktiv sind.

Entgegen landläufiger Meinung ist der Offenstall gerade für Sommerekzempferde ideal, weil sie hier nämlich ihren Aufenthaltsort nach Belieben wählen können und sich im Freien aufhalten, wenn die Insekten Ruhepause haben, sich aber sofort in die Tiefe des Stalles flüchten, sobald die Quälgeister zur Aktivität erwachen. Sie sind also nicht davon abhängig, dass sie ein Mensch rechtzeitig in den Stall bringt, sondern können unmittelbar reagieren.

Allerdings ist es bei Sommerekzempferden ganz besonders wichtig, dass es sich um einen entsprechend tiefen und eher düsteren Stall handelt, in dem sich diese Pferde wirklich vor den Insekten in Sicherheit bringen können.

Auch der mit dem Sommerekzem einhergehende lästige Juckreiz lässt sich im Offenstall eher stillen, weil es hier im Unterschied zu einer kahlen Box doch viele Möglichkeiten gibt, sich die befallenen Stellen zu scheuern. Dies tut zwar der Schönheit des Pferdes ein wenig Abbruch, weil die Mähne und ganze Fellteile abgeschabt werden, ist aber für das Pferd immer noch angenehmer als wenn es den Juckreiz aushalten muss, ohne etwas dagegen tun zu können.

ATEMWEGSERKRANKUNGEN

Die Atemwege der Pferde sind an und für sich überhaupt nicht anfällig. Dass es trotzdem so viele Pferde mit Erkrankungen der Atemwege gibt, liegt daran, dass die Haltungsform nicht stimmt. Was das Pferd braucht, ist frische, nicht mit Ammoniak durchsetzte Luft. Die Haltung im Offenstall, die dem natürlichen Leben am nächsten kommt, ist auch für die Atemwege des Pferdes die beste. Hustende Pferde werden im Offenstall sehr schnell symptomlos, Pferde, die ihr ganzes Leben im Offenstall verbringen, kennen Husten überhaupt nicht.

FOHLENGEBURTEN

Für Zuchtpferde ist die Offenstallhaltung geradezu ideal. Man kann dabei die Stuten zum Abfohlen in die Krankenbox holen oder sie zwischen den anderen Pferden ihr Fohlen

Kaum geboren, ist das Fohlen schon in der Herde integriert und steht unmittelbar neben seiner Mutter inmitten der Gruppe.

bekommen lassen. Für welche der beiden Möglichkeiten man sich entscheidet, wird sehr von den Stuten selbst abhängen. Stuten, die ihr Fohlen gern in völliger Ruhe und Abgeschiedenheit zur Welt bringen, werden sich in der Krankenbox sicherer fühlen. Auch Geburten, bei denen gewisse Risiken zu erwarten sind, verlegt man besser in die gut kontrollierbare Box.

Welche Gefahren sind beim Abfohlen in der Herde zu beachten?

Lässt man die Stute im Rahmen der Herde abfohlen, was eigentlich die natürlichste Art wäre, muss man natürlich gewisse Vorkehrungen treffen. Nicht zu befürchten ist, dass durch vorhandene Keime eine Infektion des Neugeborenen erfolgen könnte, denn Stute und Fohlen sind gegen die ja ständig vorhandenen speziellen Keime dieser Haltung immun. Wichtig ist aber die Beschaffenheit der Koppel. So ist etwa ein sehr abschüssiges Gelände unvorteilhaft, weil das Neugeborene bergabrollen kann und andererseits es auch schwieriger hat, auf die Beine zu kommen. Auch mit Wasserläufen ist Vorsicht geboten. Stuten ziehen sich zum Abfohlen gern in die Nähe eines Gewässers zurück, doch kann es da geschehen, dass das Fohlen bei seinen ersten unsicheren Schritten ins Wasser fällt. Leider sind Neugeborene schon auf diese Weise ums Leben gekommen.

Ein weiteres Problem stellt der Koppelzaun dar, der mit seinen drei oder vier Querbalken zwar sehr gut die Herdenmitglieder im Innern hält, bei dem es aber doch vorkommen kann, dass das Neugeborene unten durchrutscht. Nun ist es der Mutter aber unmöglich, ihrem Kind zu folgen. Wo der Mensch nicht gleich zur Stelle ist und dieses Missgeschick bemerkt, kann es zu ernsten Komplikationen kommen. Sollen Stuten im Freien abfohlen, wäre es also von Vorteil, den Zwischenraum zwischen Erdboden und unterstem oder auch zweitem Balken abzusichern: Ein festes Zaungitter (nicht Maschendraht!) an der Außenseite, wie wir es auch verwenden, um das Hinausfressen zu verhindern, sorgt dafür, dass das neugeborene Fohlen nicht aus der Koppel kann. Ist solch ein Gitter nicht vorhanden, müsste man zumindest noch einen Querbalken zusätzlich unter dem bisher untersten anbringen.

Haben sich infolge länger dauernden Schlechtwetters im Naturboden der Koppel schlammige Stellen oder gar Wasserlachen gebildet, wäre es vorteilhafter, die Stute zum Abfohlen in die Box zu bringen.

Das Abfohlen inmitten der Herde hat den großen Vorteil, dass das Fohlen von Anfang an ganz selbstverständlich integriert ist. Trotzdem muss man alle Vor- und eventuellen Nachteile gut gegeneinander abwiegen, denn kein Stutenbesitzer wird wollen, dass gerade sein Fohlen einem der möglichen Ausnahmefälle zum Opfer fällt.

UNFÄLLE

Wo mehrere Pferde auf einem Haufen beisammen sind, wo gespielt wird, wo es Rangstreitigkeiten gibt, sind auch Verletzungen vorprogrammiert. Ebenso können durch die leblose Umwelt Verletzungen hervorgerufen werden, etwa durch herausstehende Nägel, abgebrochene Äste, herumstehende Geräte und anderes mehr.

Schwere Verletzungen sind zum Glück selten. Aber auch kleinere Unfälle können medizinische Versorgung notwendig machen. Daher ist tägliche Kontrolle nötig. Das heißt nicht, dass man nun täglich jedes Pferd Millimeter für Millimeter nach Verletzungen absuchen muss, denn Offenstallpferde sind robust und widerstandsfähig und durch den ständigen Kontakt mit Keimen so weit immunisiert, dass Probleme bei kleineren Wunden nur selten auftreten. Wichtig ist aber, dass (wie schon erwähnt) alle Pferde gegen Tetanus geimpft sind. Denn gerade Verletzungen, die man nicht wahrnehmen kann, sind wunderbare Eintrittspforten für den Erreger, der sein Unwesen unter Luftabschluss treibt.

Beinverletzungen sind in Offenstallhaltungen relativ selten, weil die Pferde hier, Naturboden vorausgesetzt, trittsicher sind, bei Rangkämpfen geschickt auszuweichen verstehen und auch sonst eine wesentlich höhere Selbständigkeit besitzen und lebenspraktischer sind als Boxenpferde.

TODESFÄLLE

Auch in der Offenstallhaltung kommt es vor, dass Tiere verenden oder eingeschläfert werden müssen. Für ein Pferd, welches eingeschläfert werden soll, ist es immer am wenigsten beunruhigend, wenn dies in der vertrauten Umgebung inmitten der Herdenkameraden geschieht. Der Tod ist für Tiere ein absolut natürlicher Vorgang, und ein tot in der Koppel liegendes Tier beunruhigt sie keineswegs. Aus hygienischen Gründen soll natürlich der Kadaver so schnell wie möglich entfernt werden.

LEBENSERWARTUNG

Pferde, die das Glück haben, in einer Offenstallhaltung und somit relativ natürlich leben zu können, weisen einen besseren Allgemeinzustand auf, ihr Kreislauf ist immer in Schwung, die ständige Anpassung an Witterung und Boden hält sie fit. Und so erreichen Pferde in einer Offenstallhaltung meist ein recht hohes Alter. In der Offenstallhaltung des Österreichischen Pferdeschutzverbandes gibt es immer wieder Pferde mit dem biblischen Alter um die 40 Jahre, die nicht durch die Kunst der Tierärzte und der Pharmazie am Leben erhalten werden, sondern sich in einem durchaus guten Gesundheitszustand ihres Lebens erfreuen.

In unserer eigenen Haltung erreichte unsere erste Leitstute das Alter von 34 Jahren und hätte vermutlich noch etliche Jahre weitergelebt. Doch konnte sie es nicht verwinden, dass sie ihren Rang als Leitstute verloren hatte. Das Leben freute sie nicht mehr. Sie verweigerte die Futteraufnahme und verstarb.

Unser zurzeit ältestes Pferd ist 28 Jahre alt und erfreut sich bester Gesundheit. Sie kennt keine Gelenksprobleme und keine Atemwegsbeschwerden, sie springt, wenn sie gut gelaunt ist, herum wie ein Jungpferd und erst jetzt tauchen allmählich die ersten weißen Haare über den Augen auf.

DIE STALLAPOTHEKE

Die wichtigsten Utensilien für erste Hilfe müssen in einem Offenstall unbedingt vorhanden sein. Hier sind sie noch wichtiger als in einem Boxenstall. Die Stallapotheke befindet sich zweckmäßigerweise in dem Vorratsraum oder dort, wo das Reitzeug aufbewahrt wird, und sollte in einem gut verschließbaren und möglichst vor Feuchtigkeit schützenden Behälter aufbewahrt werden.

Außen auf der Box klebt ein Schild mit Namen und Telefonnummer des zuständigen Tierarztes. Vorsichtige Pferdebesitzer fügen auch noch Namen und Telefonnummer eines zweiten Tierarztes hinzu, für den Fall, dass der übliche Tierarzt nicht erreichbar ist.

Was gehört in die Stallapotheke?

Die Stallapotheke muss nicht besonders umfangreich sein, aber auf Folgendes sollten wir nicht verzichten: ein Desinfektionsmittel zur Wundbehandlung (wie zum Beispiel Grünes Öl, Jodtinktur,) Watte lose und Watte in Rollenform, sterile Gaze, Verbandzeug (auch für den Menschen), Bandagen, ein Kreislaufmittel, Notfalltropfen (Bachblüten Rescue), homöopathische Mittel nach Absprache mit dem Tierarzt sowie alle jene Medikamente, die für ein krankes Pferd vom Tierarzt verordnet wurden; ferner wichtige Utensilien wie Schere, Pinzette, Fieberthermometer, Hufmesser, eine Rolle Küchenhandtuch, Stoffhandtuch und Seife, Insektenschutzmittel. Für Brillenträger auch eine Reservebrille.

Als wichtige Informationen gehören auch Impf- und Entwurmungs-Aufzeichnungen und Notizen über Arzneimittelallergien bestimmter Pferde in die Stallapotheke.

Ein oder auch mehrere gute Bücher über Pferdekrankheiten sind eine wertvolle Ergänzung, sollten aber nicht den Tierarzt ersetzen.

VERSICHERUNGEN

Wer Pferde hält, muss ständig damit rechnen, dass irgendetwas passiert. Es sind nun einmal Tiere, noch dazu Tiere mit viel Kraft. Und so kann man mit den unangenehmsten und letztendlich kostspieligsten Ereignissen konfrontiert werden.

Ausgebrochene Pferde können Flurschäden oder auch Millionenschäden im Straßenverkehr verursachen, Besucher, auch ungebetene, sowie unvorsichtige Zaungäste können körperlichen Schaden erleiden, und jedes Mal ist der Pferdehalter derjenige, der zur Verantwortung gezogen wird. Diese Verantwortung kann ihm niemand abnehmen, aber er kann sich wenigstens gegen die mitunter beträchtlichen finanziellen Forderungen absichern.

Eine Haftpflichtversicherung ist daher für jeden Pferdebesitzer unumgänglich. Am besten informiert man sich im Bekanntenkreis über Versicherungsunternehmen, die im Pferdebereich tätig sind, und holt dann Angebote ein. Doch nicht immer ist das billigste Angebot auch das günstigste, denn entscheidend ist immer, dass möglichst alle Eventualitäten in die Versicherung eingeschlossen sind.

Es genügt bei einem Betrieb mit Einstellern jedoch nicht, wenn jeder einzelne Pferdebesitzer eine Haftpflichtversicherung für sein Pferd abgeschlossen hat. Unter gewissen Umständen können Schäden nämlich in die Haftung des Haltungsbetreibers fallen. Es ist darum zweckmäßig, wenn auch jeder Betreiber eine Pferdehaltung eine eigene Haftpflichtversicherung abschließt.

Zufrieden döst eine Herde von Offenstallpferden in der Morgensonne vor sich hin. Ob ihr Domizil funkelnagelneu oder schon ziemlich abgewohnt ist, spielt für ihr Wohlbefinden keine Rolle.

AUSKLANG

Lassen Sie sich von Fotos ganz toller, wohlgestylter Offenstallhaltungen in Zeitungen und Zeitschriften nicht entmutigen! Diese Bilder zeigen zumeist eine eben erst fertig gestellte Anlage. Wirklich schon über Jahre oder Jahrzehnte genutzte Offenstallhaltungen werden nur selten abgebildet. Aber: Die piekfeine, stets adrette Offenstallhaltung gibt es nur dann, wenn Personal Tag und Nacht damit beschäftigt ist, alles in Ordnung zu halten, zu säubern und zu reparieren, oder wenn sie nicht wirklich pferdegerecht, sondern menschengerecht eingerichtet ist. Der normalen Offenstallhaltung aber sieht man es eben an, dass dort Pferde hausen, und das schon über Jahre hinweg: Holzteile sind angenagt, Trennwände nicht mehr ganz gerade, so manches ist abgenützt und müsste renoviert werden, wenn man dafür Zeit und Geld aufbringen könnte. Genieren Sie sich nicht dafür! Ihren Pferden sind solche Äußerlichkeiten ganz egal. Sie fühlen sich selbst im bescheidensten und abgenutztesten Ambiente wohl, wenn es Ihnen gelungen ist, die Haltung so einzurichten, dass sie den wahren Bedürfnissen von Freund Pferd entspricht.

QUELLENANGABEN UND WEITERFÜHRENDE LITERATUR

O. Bergsmann:
„Risikofaktor Standort", Rutengängerzone und Mensch. Wissenschaftliche Untersuchungen zum Problem der Standorteinflüsse auf den Menschen. Schriftenreihe Ganzheitsmedizin.
ISBN 3-85076-276-9, Facultas Universitätsverlag, Wien 1990.

Angerer, Hartmann, König, Purner, Schmitz-Petri, Ott:
„Mensch - Wünschelrute - Krankheit".
Umwelt-Strahlungen - Wie sie auf uns wirken.
ISBN 3-7265-3020-7. METER&T Verlag 1985.

Helmut Meyer:
„Pferdefütterung", 2. Aufl.,
ISBN 3-489-64732-7, Parey Verlag 1992

Peter F. Cronau:
„Pferdesport - Wohin?".
Ein kritischer Blick hinter die Kulissen.
ISBN 3-405-14756-5, BLV 1995

Erika Bruhns:
So sage ich es meinem Pferd.
Die Körpersprache als Verständigungsmittel.
Schriftenreihe „Hippagogica".
ISBN 3-900267-03-0, b-Verlag 1999.
Nur erhältlich direkt beim b-Verlag,
Tel. 00431-888 46 98.

Michael Heerde (Herausgeber und Übersetzer):
„Pferdebehandlung mit Traditioneller chinesischer Medizin (TCVM), Der „Pferdeklassiker", Sonntag Verlag 1999.

Reinhard Hahn, Jakob Höhn:
„Rechtsratgeber für Reiter und Pferdehalter".
ISBN 3-440-06847-1. Kosmos Verlag 1995.

Hardy Eisenstädter:
„Ein Ritt durch den Paragraphenparcours".
Juristischer Leitfaden für den Umgang mit Pferden. Herausgegeben vom Bundesfachverband für Reiten und Fahren in Österreich 1998.

Michael Schäfer:
„Die Sprache des Pferdes". Lebensweise, Verhalten und Ausdrucksformen.
ISBN 3-440-06704-1, Kosmos Verlag.

„HAFLINGERsport"
Die Zeitschrift, die sich über das Wohlbefinden der Pferde Gedanken macht.
ISSN 1018-3698; Erscheint 6x im Jahr.
Kontakt-Tel. 00431-888 46 98.

„Die moderne und artgerechte Haltung der Pferde im Offenstall". Grundlagen für eine pferdegerechte Offenstallhaltung.
Herausgegeben von der AGRU-Offenstall der Zeitschrift HAFLINGERsport, dem Aktiven Tierschutz Steiermark, der Hippagogischen Station Bruhns, dem Österreichischen Pferdeschutzverband und dem Zentrum für artgerechte und gewaltfreie Pferdeerziehung. Zu beziehen über HAFLINGERsport, Tel. 00431-888 46 98.